经理人下午茶系列 ⑧

改革

获得大家的支持

《哈佛管理前沿》《哈佛管理通讯》编辑组 编
李敏 译 朱泱泱 审校

商务印书馆
2006年·北京

Getting People on Board

Original work copyright© Harvard Business School Publishing Corporation.
Published by arrangement with Harvard Business School Press.

图书在版编目(CIP)数据

改革——获得大家的支持/《哈佛管理前沿》《哈佛管理通讯》编辑组编;李敏译. —北京:商务印书馆,2006
ISBN 7-100-04738-2

Ⅰ.改… Ⅱ.①哈…②李… Ⅲ.企业管理-组织管理学 Ⅳ.F272.9

中国版本图书馆 CIP 数据核字(2005)第 035381 号

所有权利保留。
未经许可,不得以任何方式使用。

改 革
——获得大家的支持

《哈佛管理前沿》
《哈佛管理通讯》 编辑组 编
李 敏 译
朱泱泱 审校

商 务 印 书 馆 出 版
(北京王府井大街36号 邮政编码 100710)
商 务 印 书 馆 发 行
北京瑞古冠中印刷厂印刷
ISBN 7-100-04738-2/F·589

2006年3月第1版　　　开本 650×1000　1/16
2006年3月北京第1次印刷　　印张 10¼
印数 10 000 册

定价:26.00元

商务印书馆—哈佛商学院出版公司经管图书翻译出版咨询委员会

(以姓氏笔画为序)

方晓光　盖洛普(中国)咨询有限公司副董事长
王建铆　中欧国际工商学院案例研究中心主任
卢昌崇　东北财经大学工商管理学院院长
李维安　南开大学国际商学院院长
陈国青　清华大学经管学院常务副院长
陈欣章　哈佛商学院出版公司国际部总经理
赵曙明　南京大学商学院院长
涂　平　北京大学光华管理学院副院长
徐二明　中国人民大学商学院院长
徐子健　对外经济贸易大学副校长
David Goehring　哈佛商学院出版社社长

致中国读者

哈佛商学院经管图书简体中文版的出版使我十分高兴。2003年冬天，中国出版界朋友的到访，给我留下十分深刻的印象。当时，我们谈了许多，我向他们全面介绍了哈佛商学院和哈佛商学院出版公司，也安排他们去了我们的课堂。从与他们的交谈中，我了解到中国出版集团旗下的商务印书馆，是一个历史悠久、使命感很强的出版机构。后来，我从我的母亲那里了解到更多的情况。她告诉我，商务印书馆很有名，她在中学、大学里念过的书，大多都是由商务印书馆出版的。联想到与中国出版界朋友们的交流，我对商务印书馆产生了由衷的敬意，并为后来我们达成合作协议、成为战略合作伙伴而深感自豪。

哈佛商学院是一所具有高度使命感的商学院，以培养杰出商界领袖为宗旨。作为哈佛商学院的四大部门之一，哈佛商学院出版公司延续着哈佛商学院的使命，致力于改善管理实践。迄今，我们已出版了大量具有突破性管理理念的图书，我们的许多作者都是世界著名的职业经理人和学者，这些图书在美国乃至全球都已产生了重大影响。我相信这些优秀的管理图书，通过商务印书馆的翻译出版，也会服务于中国的职业经理人和中国的管理实践。

20多年前,我结束了学生生涯,离开哈佛商学院的校园走向社会。哈佛商学院的出版物给了我很多知识和力量,对我的职业生涯产生过许多重要影响。我希望中国的读者也喜欢这些图书,并将从中获取的知识运用于自己的职业发展和管理实践。过去哈佛商学院的出版物曾给了我许多帮助,今天,作为哈佛商学院出版公司的首席执行官,我有一种更强烈的使命感,即出版更多更好的读物,以服务于包括中国读者在内的职业经理人。

在这么短的时间内,翻译出版这一系列图书,不是一件容易的事情。我对所有参与这项翻译出版工作的商务印书馆的工作人员,以及我们的译者,表示诚挚的谢意。没有他们的努力,这一切都是不可能的。

哈佛商学院出版公司总裁兼首席执行官

万季美

目录

引言 ······ 001

第一部分　掌握并融合各种领导风格

1. 你找到解决问题的最好办法了吗？
　　　　　　　　　　　　尼克·摩根　016
2. 特雷莎·M.阿马比尔论领导如何激发创造性思维　026
3. 沉稳的领导　　　　珍妮弗·迈克法兰　032
4. 不是老板如何管理下属　　　　　　　042
5. 杰伊·康格论无实权如何影响大家
　　　　　　　　　　劳伦·凯勒·约翰逊　050

第二部分　克服改革的阻力

1. 逆境求生的领导艺术　　　　　　　　060
2. 如何赢得支持者　　　　大卫·斯托弗　068
3. 酝酿改革，避免毁灭　　　洛伦·加里　078
4. 新领导的角色　　　　迈克尔·沃特金斯　086
5. 公司无法造就领导人才而CEO们能够做到
　　——诺埃尔·蒂奇访谈　　　　　　090
6. 标新立异——领导者如何吸引新的追随者
　　　　　　　　　　　　　洛伦·加里　100

目录

第三部分　就改革作有效的沟通

1. 成功沟通　　　　　　　　　　约翰·鲍多尼　　10
2. 明星效应　　　　　　　　　　大卫·斯托弗　　11
3. 给问题加"框架"　　　　　　梅利莎·拉弗尼　　13
4. 如何调动员工　　　　　　　　　　　　　　　13
5. 成为有共鸣的领导者　　　　　　洛伦·加里　　14

作者简介　　　　　　　　　　　　　　　　　　15

引　言

目前，越来越多的大大小小的经理人在公司内经常谈论"调动员工进行改革"的问题。但这究竟意味着什么呢？它的核心是，调动员工支持公司改革，以保持公司在快速变化的商业世界中拥有竞争力，并解决公司最为紧迫的问题。那么，怎样知道你的员工已经被"调动"起来了呢？这有以下几个标志。

- ➢ 员工感到精力充沛，充满活力。
- ➢ 员工有目标感。
- ➢ 员工们知道他们的努力方向及其重要性。
- ➢ 直接下属明白公司的策略，知道自己该如何努力。

成功地调动员工投入改革能为公司带来良好的业绩。而且，成功地调动员工进行改革现在比过去更为重要。为什么呢？这是因为现今的问题比几十年前出现得更快，也更为复杂，因而改革是经常性的。的确，多数大公司有许多改革计划在同步进行。合并和兼并，以及新技术、新产品和新市场等，都进一步加重了经理人身上的负担，使他们不得不去激发下属的热情、能量和创造力。

严峻的挑战

但是,调动大家进行改革并不是一件容易的事。改革伴随着一连串挑战而来,挑战既是危机,也是机遇。作为经理人,应该知道如何避免危机,并抓住机会。同样应了解公司的传统哪些应保持,哪些应放弃。

此外,还有其他的原因使得调动员工进行改革成为严峻的挑战。其中之一是,改革要求人们改变他们一直信守的东西,如日常习惯、工作方法、人际关系和分析解决问题的方式。许多人对于这种变化感到痛苦,甚至是极其痛苦。因此,他们会联合起来抵制改革,最后让你不知所措或无法领导他们。

对改革的抵制有许多种形式,使你防不胜防,使你无法维持自己在公司的领导地位。例如,人们会想尽一切办法排斥你,过去就有人这样做过。他们鼓动一位女经理游说工作与生活方面的问题,而不是推动其他对公司来讲更为重要的"核心"改革。他们还会用许多计策使你无法实施改革计划,比如用小事分散你的注意力,攻击你的人格,或用另一个对你更具吸引力的计划动摇你的决心。

领导艺术的核心

显然,为避免这类事情出现,并调动员工进行改革,你应该考虑周全,小心行事。最终目标是双重的,它构成了领导艺术的核心:传递一种超凡的洞察力和行动的决心,同时帮助公司解决最为紧迫的问题。这些问题或许包括从维持股价和削减成本,到在经济危机和其他挑战面前调动团队的积极性。

即使是最受尊敬的领导也会发现履行这些职责有时很困难。但是,正如本书中的文章所讲述的,从身边你就可以得到帮助——管理专家、研究人员和每天要面对挑战的经理人。如果想调动员工进行改革,并一直保持这种状态,应学习掌握以下技能:

➢ 融合各种领导风格以吸取每种风格的长处,将正确的风格运用于适当的场合。

➢ 应对来自团队或部门的对改革的抵触。

➢ 就公司最为严重的问题进行清晰的、持续的、强有力的沟通,指出为解决这些问题需要进行的改革。

本书的三个部分重点讨论了这些重要的技能,并为完善这些技能提供了丰富实用的指导。以下是本书的简介。

掌握并融合各种领导风格

商业问题作家尼克·摩根（Nick Morgan）以题为"你找到解决问题的最好办法了吗？"开始了本书的第一部分。摩根引用管理专家克里斯托弗·赫尼希（Christopher Hoenig）的著作，将领导风格界定为六类，每类都有其优点和弱点。摩根认为，最好的领导能够将各种风格融合，发挥其长处，弥补其不足。

这篇文章将帮助你判断自己是属于革新者（你能发现潜能而别人只会看到痛苦）、发现者（你熟知新领域）、沟通者（你建立培养人际关系并从中获益）、助攻手（你促成事物并引导团队解决问题）、创造者（你找到在压力下解决问题的方法），还是行动者（你能带来良好的业绩）。摩根同时解释了如何将这些风格融合以求最佳效果。例如，提醒自己在追求结果的同时建立团队，或者牢记你所培养的积极的团队活力同过程和结果一样重要。

在"特雷莎·M.阿马比尔论领导如何激发创造性思维"一文中，哈佛商学院教授进一步探讨了领导风格的融合。阿马比尔认为："成功的领导应将责任与人际关系的管理相结合。"为履行职责，领导者"是以完成任务为最终目标，即明确角色和责任、计划并安排项目、

监督工作的完成"。为处理好人际关系,领导者"关注社会情感因素,即关心下属的情感,对其表示友好并关心其福利"。当领导者将这两方面相结合时,团队就会感觉到来自领导的关怀,这是调动大家进行改革的关键。

商业问题作家珍妮弗·迈克法兰(Jennifer McFarland)在"沉稳的领导"一文中给我们展现了一种极具潜能的领导风格。通过介绍斯坦福大学教育学副教授德布拉·迈耶森(Debra Meyerson)的著作,迈克法兰坚信有时最好的调动员工进行改革的方法是"小的、缓慢的、渐进的改善",而不是大的、急剧的变化。迈耶森将运用这种方法的领导称为"温和激进派"。她补充说,这种风格尤其适用于这样的经理人,他们"代表的理想或目标与不知怎的总与公司的文化相容"。

有时调动大家进行改革需要得到那些并无实权领导的员工的合作。例如,或许你带领的是一支职能相互交叉的团队,其成员并不直接受你的领导;或许要管理一群外部供货商,他们在新信息技术改革方面会起到重要作用。"不是老板如何管理下属"介绍了"横向领导艺术",对应对上述情形非常重要。

正如文章所指出的,领导者真正的成功不是来自正式的权威,而是基于"领导者的诸多素质、工作态度及与众不同的工作习惯"。其中包括"你是谁",即你拥有勤奋工作和人格完美的名声;"你了解什么",即你已获得了重要的新的事实或观点；"你如何与人互动"，即征求他人的意见，作为解决问题的方法，并提出自己的意见，在所引导的改革中为大家起到模范带头作用。有了这些，你可以从一旁领导，通过确立明确目标，仔细分析形势，认真学习经验，调动大家投入工作，以欣赏或提出问题的方式帮助员工改进工作。

在本部分最后一篇文章中，商业问题作家劳伦·凯勒·约翰逊（Lauren Keller Johnson）就横向领导艺术访问了伦敦商学院教授杰伊·康格（Jay Conger）。康格认为"横向领导艺术在经理人的基本技能中很重要"。康格描述了经理人应该掌握的许多横向领导技能，包括建立工作关系网的能力（建立一个广泛的工作关系网，其中包括公司内外的人。有了他们的支持才能完成目标）、建设性的说服和协商的能力（与大家达成共识使双方获益）、征求意见的能力（花些时间拜访那些你需要他们支持的人，了解他们对改革的看法）和建立联盟的能力（获得那些因改革备受影响的人的支持）。

克服改革的阻力

经理人成功地调动员工进行改革不仅依靠各种领导风格的融合，而且要克服改革的阻力。这一部分以

"逆境求生的领导艺术"作为开篇。文章中,管理学教授罗纳德·A.海费茨(Ronald A. Heifetz)和马蒂·林斯基(Marty Linsky)认为经理人在成功地领导改革之前,首先要避免阻力带来的危险。这个过程以"登上阳台"作为开始,它描述的是在改革过程中退后一步的思维方式,问一问"这里到底发生了什么?"和"人们对此有何感受?"在你所关注的领域了解不同的观点,寻求支持者以对抗阻力,是克服障碍的基础。必须牢记,研究对手比评估支持者更重要。

商业问题作家大卫·斯托弗(David Stauffer)在"如何赢得支持者"一文中描述了克服阻力的其他策略。无论阻力是来自人的自然天性还是积极的抵抗,都能通过以下策略调动大家进行改革。

1. 如实描述。以开放、诚实的态度说明进行改革的原因,向大家展示"残酷的事实",以表明改革的重要性。

2. 将变革分成小的可管理的部分来进行。可将许多年完成的计划分成独立的阶段或步骤来进行,以完成每个阶段的临时目标。通过初步阶段的成功向员工展示发展趋势和进展情况,能有助于员工全身心地投入。

3. 倾听员工的呼声。倾听员工的呼声以判断阻力是以何种形式出现的。其表达形式有:"我不明白这个计划","我不喜欢这个计划","我不喜欢你",据此找到纠正这些情绪的方法。

4. 逆转潮流。欢迎提出新的创意,并将此灌输给公司的各个阶层,以培养员工的改革意识。

接下来的两篇文章探讨了小的初期成功对于克服改革阻力的作用。在"酝酿改革,避免毁灭"一文中,洛伦·加里(Loren Gary)着重强调了运用小的成功作为大的改革的催化剂。为进一步说明,加里讲述了金融公司的一位年轻经理人是如何将他雇用有色人种雇员的决心付诸实施的。每当他不动声色地雇用了可靠的有色人种时,他都会要求他们承诺雇用有色人种并同他们保持良好的关系。他靠这样的方法一步一步地拥有了3 500名有色人种员工。现今处于公司高级领导职位的他,能够更积极、更公开地处理雇员的多样化问题。

显然,小的成功会产生大的效果。但是,究竟如何能取得这些早期微小的成功呢?哈佛商学院教授迈克尔·沃特金斯(Michael Watkins)在"新领导的角色"一文中探讨了这个问题。沃特金斯提出了以下三点建议。

1. 确立目标,即确立改革必须达到的主要目标。然后设想出可能的早期成功以推动团队朝长期目标努力。

2. 弄清"关键问题",弄清哪个领域或方面有

可能获得初期成功,并取得重要工作进展。

3. 实施小规模的试验性计划,指为保证早期成功在关键方面所做的具体改革。

另一个克服阻力的关键是让人们自行改革,这样他们就会对改革产生一种成就感。有了成就感他们会更加欢迎改革。在"公司无法造就领导人才而 CEO 们能够做到——诺埃尔·蒂奇访谈"一文中,密歇根大学教授诺埃尔·蒂奇(Noel Tichy)为公司培养领导人才方面提供了指南。虽然蒂奇在访谈中谈论的是 CEO,但他认为各个层次的经理人都能够在他人身上培养领导才能。他讲述了多种培养方法,包括对"产品、服务、流通渠道、市场动态以及经营企业的其他要素作出综合性判断",以及向那些缺乏经验的人灌输这类知识。

洛伦·加里在最后一篇文章"标新立异——领导者如何吸引新的追随者"中也讨论了这个主题。引用了许多专家的观点后,加里提出了这样的问题,"新领导者如何争取到有独立见解的变革者呢?"首先要成为"出色的观察者"——也就是说要认清企业改革的隐含的重要性和机会,要发现人们的才能。你若对新事物和情况的变化很敏感,"就会使其他人感到你是与时俱进的,因而是值得信赖的。"你的追随者就会感到,你欢迎他们采取主动精神,冒风险。他们在这样做时,便锻炼了自己的领导才能"。

就改革作有效的沟通

仅仅了解如何融合各种领导风格和克服改革的阻力，对于调动人们进行重大改革是远远不够的，你还要为改革进行有效的沟通。本书第三部分也是最后一部分的文章，对如何传达强有力的信息，阐述改革的重要性和怎样把对未来的憧憬转变成眼前具体的现实提供了技巧和策略。

沟通专家约翰·鲍多尼（John Baldoni）在"成功沟通"一文中阐述了这个问题。鲍多尼指出，在许多专家看来，"沟通是领导艺术的基础，缺乏不懈的沟通，就不能成为领导"。鲍多尼推荐了八种有效沟通的方法，包括提供一致的信息、确定明确而可信的目标、发出行动的呼声和选择合适的媒介（电子邮件、会议、面对面交谈等）。

在"明星效应"一文中，大卫·斯托弗（David Stauffer）关注如何利用外表、姿势、举止增强改革信息的传递。像微笑那样简单的举止能给大家带来巨大的影响。诸如肩膀挺直、双脚与肩同宽之类的运动员姿势，能够表现出自信。明确界定目标能带给你看得到的、充满感染力的热情。

除了姿势和举止，"给问题加'框架'"，即把人们的

注意力限定在改革的某些具体方面，也是沟通的有效技巧。正如麻省理工学院的梅利莎·拉弗尼（Melissa Raffoni）在"给问题加框架"一文中所述，限定问题能帮助你影响员工的想法和对改革的反应。限定问题将"复杂变为简单"，能帮助员工跨越改革的障碍。还能帮助你把团队的讨论重新集中在改革的重要方面。例如，假如会议中就改变价格的讨论脱离了轨道，这时你可以重新限定问题："让我们记住，我们讨论的是，是否需要降低价格。"

为帮助你成功地限定改革中的问题，拉弗尼建议在沟通之前询问自己以下问题："我的目的是什么"，"我希望听众在听完我的话之后，他们想什么、感觉到什么或是做什么"，"我的信息会给他们带来什么影响"，"如何通过要说的话提升我的可信度"。

改革中的情感沟通在"如何调动员工"一文中得到特别关注。例如，一位专家建议将改革目标同员工关注的问题相结合。当然，不同的人，"热点"也不同。比如，"技术人员对于自己将冒风险研发很棒的东西感到兴奋。营销人员和其他竞争对手则喜欢在市场上取胜。"其他团队成员可能会关注为顾客提供周到的服务。"你应该根据具体情况，推动人们朝任一目标或其他什么目标努力，比如，赢得丰厚的奖金或学习新的技能。"其关键是，一定要让员工感到"很有干头，而不仅仅是给股东赚更多的钱"。

要想在感情上与员工联系在一起并就改革进行有效的沟通,需要有研究者丹尼尔·戈尔曼(Daniel Goleman)称作的情感智力,又称"情商"(EI)。在本书的最后一篇文章"成为有共鸣的领导者"中,洛伦·加里(Loren Gary)引述了戈尔曼和其他专家的观点对这一问题进行了探讨。专家们一致认为,"情商"高的领导者能够"阐明团队尚未表达出来的共同情绪,能够选择调动员工的目标"。

"情商"包括以下四种能力:①自我意识(即能够了解自己的情绪,正确评价自己的个性);②自我管理(即能够控制不好的情绪,做到可信、灵活和乐观);③社会意识(即能够了解他人所关注的事情);④人际关系管理(即能够激励、说服、解决分歧)。

研究者认为,经理人可以通过自我指导的学习方法提高"情商"。"有意识地培养和增强你某一方面的能力、你希望具有的能力,或者两者兼而有之。"那么,究竟该怎么做呢?首先,发现理想中的自我,即你希望成为什么样的人。接着,了解自己是什么样的人,了解自己的优点和缺点有哪些。然后,树立一个学习目标,完善长处,弥补不足。接下来,尝试新的行为、想法和情绪,"直到完全掌握"。最后,发展相互支持的、值得信赖的人际关系以促成改革。

毋庸置疑,在公司中成功地调动员工进行重大改

革需要许多技能、坚定的决心和明确的目标。正如本书所明确指出的那样,有许多技能、工具和策略可以帮助你提高和运用领导改革的能力。花时间和精力学会实际运用它们是非常值得的。

读完本书后,你可以考虑如何将所了解到的运用于公司的运作。例如:

➢ 你的领导风格属于哪一类?在过去,对于你自己、你的团队和你的公司来说,这种风格作用如何?如何融合其他的领导风格使你能更好地调动员工,特别是那些非直接下属支持改革?

➢ 如果有的话,以往的改革中遇到了哪些来自员工的阻力?对于未来改革中的阻力有哪些更好的应对方法?

➢ 你通常如何就改革中遇到的问题同员工进行沟通?哪些沟通技巧有效?哪些技巧没有效?对于未来的改革,又有哪些更好的方法能够帮助你进行比较有效的沟通?

磨炼你的各种领导才能,了解并克服改革的阻力,就改革进行有效的沟通,不仅能帮助你调动员工进行改革,而且能促使他们一直保持良好的状态。你的回报就是拥有一个充满热情、具有创造力、拥护改革的团队,它能使公司在这个快速多变的竞争社会中生存并发展下去。

第一部分

掌握并融合各种领导风格

成功地调动员工投入公司改革的经理人是领导艺术的核心。换句话说，他们凭借超凡的洞察力，以改革为目的，解决了公司最为紧迫的问题。同样，他们学习并掌握了各种领导艺术，并运用于当前的工作环境。

本部分介绍了不同的领导风格及如何将之高效运用。通过各种风格的融合，一方面可以建立自己领导下的团队并树立个人形象，另一方面还能给公司带来实实在在的业绩。

了解不同领导风格的同时，不妨对号入座，看看自己是属于哪一类。是"改革者"、"沟通者"、"现实的行动者"还是"横向式的领导"？确定你的类型，把这些策略和其他风格融合起来，一起加入到个人领导艺术中。这样做的回报是你掌握了灵活多样的方法，它能使你调动员工投入公司的改革中去。

1. 你找到解决问题的最好办法了吗？ ……

尼克·摩根
Nick Morgan

1. 你找到解决问题的最好办法了吗?

尼克·摩根

解决了问题就能得到回报。现今的问题总是比以往出现得更多,发生得更快。例如,维持股价、裁员、调动团队的积极性、管理资本风险以及憧憬美好的未来。怎样才能做到在工作中体现自己的自信和权威而又不会被看作是自鸣得意和麻木不仁呢?怎样才能做到憧憬乐观的未来而又不掩盖眼前的问题?

《解决问题的途径——如何作决定》(The Problem Solving Journey: Your Guide to Making Decisions and Getting Results)一书的作者克里斯托弗·赫尼希(Christopher Hoenig)认为,多数经理人都具有六种领导风格中的一种。一位明智的经理人应该了解员工对她的印象如何。的确,领导艺术的精髓在于传达一种洞察力和行动的决心,其余的其实就是解决问题了。

《思维者的工具——14个有效解决问题的技巧》(The Thinker's Toolkit: 14 Powerful Techniques for

Problem Solving）一书的作者摩根·D.琼斯（Morgan D. Jones）认为，成功解决问题的关键在于是否愿意从多方面考虑问题。如果太固守于一种思维或沟通方式，就无法豁达到将各种选择考虑在内。那么，解决问题时就会遇到麻烦。琼斯还曾是中央情报局分析员，他说："为解决问题，我们必须学会辨别并突破阻碍思维的原因，充分考虑各种可能的解决方法。我们必须学会如何应对人类大脑的强制，因为它常常会阻碍客观的分析，使得我们不能接受各种可能的选择。而这又是导致我们作出错误的或不全面分析的最常见原因。"

赫尼希将解决问题的人分为六种，指出成功解决问题的秘诀在于了解自己的缺点，并通过吸取各种观点和看法来改正缺点。

"改革者"和"发现者"

正如赫尼希所说："改革者以特殊的方式看待这个世界。他们能从常人所处的困境中看到希望。即便是身在谷底，他们也能找到登上山顶的方法。"对于改革者来说，他们面临的挑战就是将诱人的梦想变为现实。

同样，"发现者"的工作也是在这一新的未知领域。赫尼希说："发现者的工作，就是了解一个未知的领域，

这意味着将获得有助于解决问题的相关知识。发现者们总是能提出适当的问题,并及时得到相关领域的重要信息。"但是,他们同样要记住,并不是每个人都像他们那样具有探索的热情。多数人宁愿待在他们熟悉的领域而不愿意冒险开辟新天地。

前国际信用卡公司主席迪伊·霍克(Dee Hock)或许就是改革者的楷模。在20世纪60年代末,当别人只看到信用卡业务一路红灯的时候,霍克却想到了一个新办法,那就是世界货币的共同经营。这个想法是这位不善交际的人在听取了大家的意见并融合了自己的观点后得出的。

其结果是在经历了许多起伏后诞生了Visa卡。现今,其业务已经是原来的100倍,在全球拥有五亿客户。

如果你是改革者,应该像霍克那样,善于听取别人的建议。融合这些观点并运用于所要开拓的领域,这样做就会具有霍克那样的沟通力。

如果你是发现者,则需要将自己的工作热情同对员工福利的关注保持一定的平衡。这在很大程度上,其实就是了解他们的长处和不足,同时也包括自己的优势和劣势。

此外,不要让热情影响你对计划的全面考虑。控制急躁情绪,并确保自己能认真听取各方面专家的意见。

"沟通者"创造值得信任的人际关系

赫尼希说:"沟通者懂得如何建立、培养并获得最基本的人际关系。有些人际关系是短暂的,只是同陌生人的简单交谈和熟人的寒暄。但从长期看来,解决问题需要建立较为深厚的、较为丰富的人际关系。"建立和完善人际关系是沟通者所擅长的。但他们也知道,在这个世界上,仅仅依靠人际关系是不能建成一栋房子或者建成一个公司的。还需要制订计划。

假如你是一位擅长沟通的人,那么你面临的挑战就是切记过程与结果和团队一样重要。在解决问题的过程中,充分运用那些注重过程与结果的员工的智慧,这样才不会偏离目标。

"助攻手"促使情况发生转变

赫尼希指出:"要解决问题,首先应该有明确的选择,知道应首先完成哪些工作。另外,对非常紧急的情况应立即采取措施,引导团队顺利通过解决问题的各个阶段。这就是助攻手的职责。"

美国国务卿科林·鲍威尔(Colin Powell)在美国诺

言—青年联盟（America's Promise）的成功充分表现了助攻手的水平。美国诺言—青年联盟是美国商会办的非营利机构，目的是成为那些在暑期做短工年轻人的良师益友。作为当今的年轻人的代表，鲍威尔带给这个机构的是启迪，他循循善诱，不断激励并尽其所能使这个机构成为年轻人的帮手。

助攻手判断一个人的价值是以他们的行为为标准而不在乎他们是谁。他们通过坚持不懈的努力给公司带来了可喜的业绩。但是，他们可能因忙于用人而忽略了对员工的关心。助攻手在解决诸如股价低迷和混乱裁员之类的危机过程中，应该花点时间同员工庆祝一些阶段性的胜利，否则有可能失去员工的忠诚。

"创造者"提出最理想的解决方案

正如赫尼希所说："问题越多越棘手越复杂，那么面临的挑战就越大。而要设想、发现并找到经得起时间和压力考验的解决问题的方案，就不是一件容易的事。这就是创造者的职责。"

> 未能考虑到其他选择
> 是导致分析出现错误或
> 不完善的最常见的原因。

约翰·索希尔（John Sawhill）是一所大学的校长，也是一家全球咨询公司的合伙人，在做"自然资源保护委员会"主席之前还担任过内阁高级官员。在他的督导下，这个非营利公司认识到，为了避免土地的过度开发而购买土地并不是一个好办法，因为整个生态系统仍在遭受破坏。因此，在索希尔的领导下，"自然资源保护委员会"开始关注"全球最后的遗产"，并同许多组织一道为保护整个生态系统而努力。

　　创造者的工作过程就是要明确她所拥有的财产、资源，并最有效地利用它们。这是一项复杂而极具挑战性的工作，因为它需要你具备在日常工作过程中不迷失自己而影响前进动力的能力。假如你是一位创造者，那么同员工的主要沟通就是使他们了解公司的长远目标，尽管你喜欢事必躬亲，对于公司的长远目标的理解可能是含蓄的，但一定要让大家对此了解得很清楚，这样才能调动他们的积极性。同样要明白，设想一种解决问题的方式与付诸实施是两码事，对于后者你需具备一个"行动者"的技能。

"行动者"带来实效

　　"行动者是那些顽强的、讲求实际的人，他们总是

亲自做每件事，"赫尼希说。法国女性伊莎贝尔·奥迪斯（Isabelle Autissier）在"旺达省环球航行赛"单人环球航海中获胜。对于她的成功赫尼希这样认为，"像奥迪斯那样具有成功技能的航海家，最不同寻常的就是能够找到简单有效的方法以解决在航行过程中遇到的问题。……在计划未来、完善计划并成功完成航行这方面，他们是专家。"

行动者是领袖，他们懂得如何应对各种情况，知道如何调动团队，甚至在对每个人来说都无望的 IT 行业也能使其恢复生机。但行动者的沟通技能及不足也在这种推动事物发展的能力中显露出来。

紧迫的问题总是摆在行动者面前，以至于他会忘记身处的环境。尤其是，虽然天性会使行动者知道如何保持追求目标的动力，但是他常常会忘记其他人也需要他来提醒公司的长远目标。行动者应该告诫自己多花些时间鼓励团队，安抚他们的创伤。

你属于哪一类？

革新者能预想到大多数人无法想像的未来，是否也应该让自己关注现在？发现者对于未来的好奇会帮助他推动团队前进，是否应该记住不要操之过急？沟通者具有缓解人们之间紧张关系的能力，是否也应该关注眼前的工作？助攻手知道如何达到目标，是否应该放慢节奏来倾听团队的意见？创造者在挑战中解决问题的能力是否会影响他对于未来的看法？或许行动者完成了某项任务，却是否以牺牲自己和周围人的利益为代价？

琼斯说："我们最终只能部分地解决问题，因为我们的大脑无法消化和处理所有错综复杂的问题。于是，我们倾向于简化问题，像抖动着翅膀的蝴蝶，从一个问题跳跃到另一个问题，只是泛泛地、简单地考虑那些我们能够理解说明的部分。"有时，能阻止这种倾向的惟一办法是强迫自己意识到自己的缺点，而非长处。

2. 特雷莎·M.阿马比尔论领导如何激发创造性思维 ......

2. 特雷莎·M.阿马比尔论领导如何激发创造性思维

我们通常会认为领导艺术,尤其是极具超凡魅力的领导艺术在激发创造力和革新方面会起到关键作用。但哈佛商学院商业管理系的特雷莎·M.阿马比尔(Teresa M. Amabile)、埃兹尔·布莱恩特·福特(Edsel Bryant Ford)教授却认为这种想法丝毫没有根据。特雷莎和同事伊丽莎白·沙茨尔(Elizabeth Schatzel)、乔瓦尼·莫尼特(Giovanni Moneta)以及史蒂文·克雷默(Steven Kramer)研究了26位高效项目组成员的工作日记,这些项目组大都由中层经理人领导。研究者发现,经理人那些日常的、常规性的同下属的工作接触在极大程度上能激发或损害创造力。

领导者激发创造性思维有何重要性？

我们在研究中发现，大多数成功的领导者并不是通过其行为在员工中直接激发创造性想法的产生，他们并没有提出一些惊人的想法，从而点燃员工创造性思维的火花。相反，这需要一个过程，而领导者那些看来微不足道的日常行为将直接给员工带来深远的间接影响。

我们发现，领导者的言行对员工的认同感会起到一定的作用。这种认同感似乎会影响到他们在工作中的创造力。因此，我们认为来自领导层的认同感对激发创造力有至关重要的作用，因为它能够激发员工的潜能，从而调动他们更为深入、更为主动地投身于工作之中。

以目标管理为核心是关键吗？

所谓目标管理是指以完成任务为最终目标，即明确角色与责任、计划和安排项目并监督工作的完成。而以人际关系为主导的管理行为是以社会情感因素为基础的，它包括关注员工的情感、表达友善并关心其福利。

但是，无论多么侧重于目标，任何一种领导行为都会传递有关领导和下属之间关系的信息。同样，即使是那些极端的依赖于人际关系方式的管理行为，也会给员工的工作投入度带来影响。高效的领导应该将这两者结合起来。

在这方面，我认为那些管理书籍对于领导艺术失败方面的关注和探讨远远不够。我们在对员工工作日记的分析中发现，领导者的消极行为比积极行为更能影响员工的情绪，尤其是消极行为比积极行为更容易引起员工的关注。

好的，先来看看消极行为

三种消极行为方式，即监督、解决问题、明确分工责任，会削弱领导者的领导力：过细地了解高层员工的工作细节，弄不清技术和人际关系方面的问题，未充分考虑员工的能力和责任心就对其下达工作任务。杜绝了这些消极行为，就会对员工的想法、情感、创造力等方面带来明显的改善。

哪些行为最能提升领导的认同感？

有效监督（在不影响员工自主权的范围内获得工作进展信息）、磋商（表现出对员工的开放态度）、支持（帮助缓解压力，促进信息沟通）和认同（对员工的情绪能感同身受，特别是对他们的认同需求）四种行为最能提升领导的认同感。

监督是既积极又消极的一种行为

事实上员工并不希望领导对他们放任自流。相反，他们需要一种特别的监督。既不是过多的干预也不是不闻不问，而是良好的磋商。对于员工来说，磋商非常重要，他们希望被赋予责任，同样他们也希望领导能同他们保持接触，倾听他们的想法，并询问有关能够帮助解决的问题。

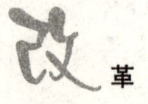

3. 沉稳的领导

珍妮弗·迈克法兰
Jennifer McFarland

3. 沉稳的领导

珍妮弗·迈克法兰

美国一家大型汽车公司的中级执行官非常关注制造厂所在国家对其公司的印象。他深信借助当地的人才和资源建造一些设施会更有利于公司的发展。当公司委派他在墨西哥筹建工厂时，他雇用了当地的建筑师根据当地的风格来设计厂房，整个公司因此赢得了当地人的尊重。随着与当地关系的进一步加深，公司吸引和留住当地工人的能力明显增强，这是因为他运用与众不同的方法抓住机会，改善了公司的形象。

这个故事凸显了常常被我们忽略的一类领导者，即温和激进派的重要性。斯坦福大学教育学副教授德布拉·迈耶森（Debra Meyerson）对温和激进派下了这样的定义，"他们是公司里那些工作投入和获得成功的局内人，同时他们也被看作是局外人，因为他们代表的理想或目标不知为什么总是与公司的主导文化相左。"由于这种局内人和局外人的特殊性，温和激进派会带来"小的、缓慢的、渐进性的改善"。这些小的改善积累起来,就会带来大的改变。

　　密歇根大学商学院研究生院教授诺埃·M.蒂奇(Noel M. Tichy)是研究组织行为和人力资源管理的专家,他认为好的公司是那些在所有部门均能培养领导者的公司。他坚信只要公司的领导具有慧眼,一定会发现潜在的领导者。尽管新闻媒体常把有性格魅力、有胆识视为优秀领导的根本,但是一种沉着不张扬自我的领导方式,即能够向人们虚心求教学习、支持改革的领导,实际上能更好地解决公司日常运作中遇到的种种问题。

愿意遭当面一击

　　在当今的知识经济中,"玩的就是人才和人才合作的游戏",蒂奇这样认为。作为领导,"首先应该成为教师型的领导"。不幸的是,多数公司却是"向教授和顾问求教领导艺术,殊不知他们是最不适宜的人群"。因为这样做的缺点是失去机会。一位好的教师型领导"从员工身上吸取到的东西应该同员工从他们身上获得的一样多",蒂奇解释说。求教的过程实际上就是向他人学习的过程。

　　"我所了解的大多数CEO,他们到一些为中层管理人员开设的培训班是为了说教,而不是为了学习,"蒂

奇说。但是通用电气前董事长杰克·韦尔奇（Jack Welch）却为我们树立了一个闪闪发光的"反面"榜样。在通用电气年度报告中，当他讲述他们是如何修改公司"在市场上成为第一或第二，否则就离开这个行业"这一目标时，他指出："1995年春，中级管理培训课程汇报中很客观地指出，我们一直以来所珍视的管理理念已经到了一个不理性的阶段。我们对市场的限定不但使我们失去了机会，而且制约了我们的眼光。"那年七月，公司在三年计划审核时，要求公司领导改变他们对市场的定义。现在，即便是部门领导也能够不把目光局限在成为第一或第二的目标上，而能够在通用电气市场份额只占10%或更少的行业中主动出击。

是谁作出了那被称为"当面一击"的年度报告？就是中层经理人。蒂奇认为，是他们打开了韦尔奇的眼界，使他看到了可能。正是韦尔奇愿意放弃那著名的一直盛行于该公司的"成为第一或第二"的目标，才使得通用电气在20世纪90年代末有两位数的收入增长。蒂奇从中总结出以下几点。

➤ 韦尔奇有极强的重视求教的心态。
➤ 韦尔奇具有"求教的观点"，他愿意改变想法，甚至对他非常坚信的东西也是一样。
➤ 韦尔奇给予了经理们一种走近他、接纳他的勇气。

把求教与领导结合在一起改变了整个公司的发展方向,蒂奇说"它使通用电气更灵活、更团结"。

日常领导艺术

南加州马歇尔学院商业管理学教授沃伦·G.本尼斯(Warren G. Bennis)认为,"领导艺术在极大程度上是行动艺术",它包括"激发人的能力"。当把奥森·韦尔斯(Orson Welles)介绍给富兰克林·罗斯福(Franklin Roosevelt)总统时,罗斯福说:"韦尔斯先生,您是美国最伟大的演员。"韦尔斯回答:"不,总统先生,您才是。"行使领导职能并不需要具备国际知名度。日常领导者——德布拉·迈耶森在她的同名著作中称其为温和激进派——通常并不出现在雷达屏幕上,因为他们属于公司中的低级梯队,常常"默默无闻地"工作。

温和激进派有多种多样。有的注重社会责任,例如,强调公平交易、保护环境、性别平等或多样化。"但他们也是促进产品更新的人,是改变压抑的工作环境从而进一步激发创造力的人,"迈耶森接着说,"这样的人公司里到处都是。他们为公司的发展努力,使公司在竞争中保持领先。"他们的领导风格包括"对一个体系的推动。也就是说,他们提出一些根本不同的主张,

讲出公司大多数人没有看到的事实真相。他们质疑一些假设和常规。尽管经历了许多挫折和磨难，他们始终坚信有比个人的成功更重要的东西，并且尽其所能，坚持到底"。

向格洛丽亚·斯旺森学习

南加州马歇尔学院商业管理学著名教授沃伦·G.本尼斯认为："所谓好的领导就是拥有积极的、精力充沛的员工。"没有什么比倾听更能调动员工积极性了，反之亦然，正如下面的反面例证所说明的。

道格拉斯·艾夫斯特（Douglas Ivester）在受人尊敬的罗伯托·戈伊苏埃塔（Roberto Goizueta）之后，继任可口可乐公司的CEO。当比利时爆发产品篡改恐慌时，他没有出面解决问题。当公司试图收购法国Orangina公司时，艾夫斯特并不认为同Orangina公司执行官进行面对面的交谈有什么重要，于是可口可乐公司在这项大肆炒作的并购案中遭受了惨败。更令人失望的是，他忽略了雇用有极强协调人际关系能力的人做他的第二执行官（以与他精通财务的特长相得益彰）的请求。于是，艾夫斯特在公司只待了18个月。

在康柏（Compaq），埃克哈特·法伊弗（Eckhard Pfeiffer）因不愿听取与他不同的意见而自掘坟墓。

莎士比亚戏剧《科里奥兰纳斯》(Coriolanus)中的军事统领厌恶同公众交往。他把这视作迎合奉承,"觉得说出不自然的话会有损自己的正直和真实,"本尼斯说。"他最终死在自己的人民手中。"

在电影《日落大道》中,导演格洛丽亚·斯旺森(Gloria Swanson)塑造的主人公悲叹道:"我很伟大,是电影使得我显得很渺小。"同电影中的主人公一样,艾夫斯特、法伊弗和科里奥兰纳斯缺乏适应能力,本尼斯认为,"他们不能放弃自我来接受他人的智慧,他们只倾听现实中那些与他们相同的声音。"从情感上讲,他们是对于自我和这个不断变化的世界都无法辨别音高的聋子。

与温和激进派共事

因为他们不是完全与公司的文化合拍,因此对公司来说,他们是"极好的学习资源"。迈耶森认为,了解他们的想法就显得很重要。

虚心求教

"假如你的工作是发现新的想法,是鼓励人们提出

新想法,并让公司去接受它们,那么你就不应当把发现新想法当作是一种负担,"迈耶森说道,"相反,它应该成为你工作的一部分。"到员工中去,到公司中那些"你从未去过的地方去问一问,谁有了不同的改变?谁有了与众不同的想法?谁来自于不同的文化背景?"

奖励说真话

"不必将温和激进派放置于聚光灯下,"迈耶森提醒说,"也不需要将他们摆在英雄的位置,特别是在你还没有准备好要保护他们和他们的主张时。"但你可以暗示他们大胆说出自己的想法。迈耶森讲述了这样一个故事。纽约一家法律公司的管理合伙人让一位有着两年工作经验、且很有前途的助手横飞美国大陆来到纽约,以便倾听她对公司管理方面的建议。迈耶森发现,这个故事很快在公司里传开,而且这一事件"的确对这位女士的职业生涯带来了影响",因为"这给了她说真话的勇气"。

蒙特利尔的麦吉尔大学管理学教授亨利·明茨伯格(Henry Mintzberg)认为,美国人太着迷于约翰·韦恩(John Wayne)在西部片中所表现的领导风格。"美国人对英雄的渴望绝对到了产生幻觉的程度,"他说。他说得没错,但是我们需要英雄这一点在任何时候都不会很快地削弱。那些想效仿这类领导风格的人需要记住,约翰·韦恩在电影中还描述了另外一类英雄,一位拳击冠军最终选择离开了拳击场,回到了自己祖辈的故乡爱尔兰。那部电影就是《沉默的人》。

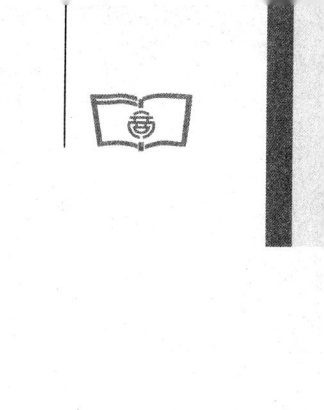

4. 不是老板如何管理下属 ……

4. 不是老板如何管理下属

你需要向员工下命令时,却发现自己手中并无实权。同大多数经理人一样,你会发现自己常常处于肩负责任却又无实权使计划得以完成的境况。或许你领导的是一支工作相互交叉的团队,其成员并不直接受你的领导。或许要管理一群外部供货商。又或许你名义上有权力,却发现你的员工、软件工程师们、有经验的推销人员或其他人,对你的命令反应淡漠如同对猫说"滚过来"一样。

在这些例子中不难看出,发号施令不是解决问题的最好方式。正如彼得·德鲁克(Peter Drucker)所指出的那样,"我们必须学会如何应对不能发号施令的状况,在这种状况中,你既不被他人所控制,也不控制他人"。

怎么解决这个问题呢?一些研究领导艺术的专家给出了解决这类问题的办法。哈佛大学研究协调问题的专家罗杰·费希尔(Roger Fisher)和同事艾伦·夏普

（Alan Sharp）提倡"横向式领导"，或者说是"从一旁领导"。伦敦商学院组织行为学教授杰伊·A.康格（Jay A. Conger）则称之为协商式管理，他曾做过南加州领导艺术学院的执行董事。他在研究和咨询中发现，大多数成功的经理人"都避免对员工发号施令"。无论你是不是老板，都有可以从以下论述中学到一些东西。

领导艺术必修

当然，真正的领导艺术绝不是一种正式的权威。领导们只有认真听取大家的意见，考虑并按照他们的建议采取行动，才能得到大家的认同，工作起来才能更有成效。正是领导者的诸多素质、工作态度和与众不同的工作习惯，使得领导不再仅仅是个头衔。

你是谁？

大家都非常熟悉那些"天生的"或有魅力的领导。但是，多数有抱负的领导需要的不是魅力，需要的不仅仅是一些平凡的优秀品质，如勤奋工作和人格完美的名声。康格提出了这样的问题，在同事眼中你是不是说到做到的人？他们是否认为"你是敢于说真话并勇于承认错误的人"？仅仅具备这些特点，还不能使你成

为好的领导,但没有这些特点,你肯定会被踢出局。

你了解什么?

你一定遇到过这种情形,会议在漫无止境地继续着,结果很不明朗。这时,一位与会者提出了新的重要事实和观点。太好了,不是吗?是信息改变了一切。一般说来,提供信息的人都很聪明或比其他与会者更有经验。通常她已经做足了功课,因而能了解大家所不知道的东西。长期缺乏信息的人极少会被大家认可为领导者。

如何与人互动

你是否倾向于对别人发号施令?除非你真有实权,否则很难得到他们的合作,因为同事会抵触你的命令,而且他们也不喜欢被别人指手画脚,尤其当这个人并不是老板时。相反,费希尔和夏普建议,可以通过询问将你的一些想法传递给他们,提出你的建议,让他们了解你所期望的结果。例如,假如你提倡削减成本,可花些时间对某一产品做些调研,并提出削减方案。

运用领导艺术

领导艺术所包含的内容比以上三点要多得多,即便是横向式的领导艺术也毫不例外。费希尔和夏普提出了以下五种实用的方法来帮助你成为横向式领导者。无论你置身何种工作、公司或会议中,这些方法都将对你非常适用。

树立目标

人们有了明确的目标才能最大限度地实现愿望。也就是说,每个团队的首要任务是了解自己所期望得到的东西。团队中若有一个人,不论其地位如何,问大家:"我们能否先明确目标?"接着便带头讨论并确定目标,那么这个人就自动担当起了领导角色。

有条理的思考

想一想下一次的会议,人们通常会陷入到对眼前问题的讨论中,并对如何采取行动而争论不休。与此不同的是,成功的领导则条理地思考,即收集并摆出必要的数据,分析造成目前状况的原因,在分析的基础上

提出解决方案。在团队中，领导若想帮助主要参与者集中精力抓住问题的实质，可以恰当地提出以下问题，让他们回答。我们掌握的信息足以分析出现的情况吗？能否找出问题的原因？

从经验中学习

团队常常埋头于一个项目，工作结束后作出总结并指出从中学到了什么。更为有效的方法是边干边学，这意味着团队日常工作的一部分是对目前工作做小结，从而有益于工作的改进。为什么中途的改进工作比工作之后的总结更重要呢？因为在每个人脑海中工作的信息数据是鲜活。由于团队可以利用总结进行工作中的调整，因而这些小的总结能够引起人们的注意。因此，谁如果能使团队作经常性的总结并从中学到东西，这个人实际上也就在扮演着领导角色。

调动大家投入工作

高效的团队是那些调动了每个成员投入工作的团队。高效的领导是那些能够将要做的工作同团队成员兴趣相结合的领导。建议领导将要做的工作写下来，并同每个成员或小组的兴趣划线相连。假如没人愿意做某项工作，可集思广益想出一些方法使该工作变得有趣且具有挑战性。将团队中较为沉默的成员拉进工作中,这样每个人都会感到自己是整个工作的一部分。

作出反馈

你如果不是老板,能对员工的表现作出何种反馈?有一点非常重要,那就是欣赏——"我觉得你干得真棒。"有时你也能像教练那样帮助大家改进工作。好的教练会问许多问题("你觉得自己的工作做得怎样")。他们会发现尽管大家都很努力,却失败了("你觉得完成这工作的困难在哪里?")。他们会提出一些改进的建议,很仔细地解释观察到的现象及其背后的原因。

待在办公室里,无所事事,无所作为就能登上领导艺术之巅的日子已经一去不复返了。如今,身处任何地方都要起到领导的作用,这对你和公司都有好处。

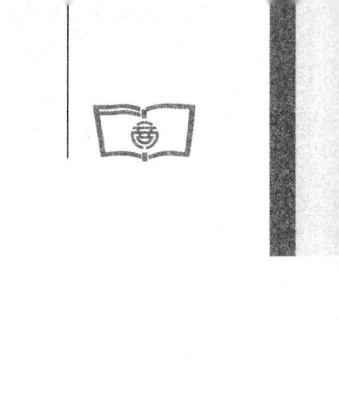

5. 杰伊·康格论无实权如何影响大家

劳伦·凯勒·约翰逊
Lauren Keller Johnson

5. 杰伊·康格论无实权如何影响大家

劳伦·凯勒·约翰逊

祝贺你,因为你将领导一场改革。但是,这里有一个陷阱,改革的成功依赖于公司同仁的合作,对于他们你却没有领导权。

假如你同多数经理人一样,那么,如今由于管理结构较为扁平,外购零部件,团队虚拟化,你会更为经常地遇到这类挑战。鉴于这些原因,许多经理人现在需要借助公司内外的同事来完成工作。当今,随着商业活动变得越来越多样化,改革本身也更为复杂。多数改革是借助于公司内外的相互协作而实现的,许多是需要整个公司的共同努力才能完成的。

新的合作关系和联盟也因此应运而生,这就需要经理人对其他公司的成员也能产生影响。例如,加州一家应用物资公司桑塔·克拉拉(Santa Clara),有800多名工程师和雇员在英特尔公司工作,每天他们和英特尔的成员一起合作开发新的产品。

在这种情况下，仅靠命令管理模式，即"我是领导，你是员工"，是行不通的。伦敦商学院组织行为学教授、南加州领导艺术学院前执行董事杰伊·A.康格（Jay A. Conger）指出，各个层次的经理人和执行官都应采用一种横向领导方式。

为何要采用横向领导方式？

康格强调，横向领导方式在经理人的基本技能中很重要，它包括一系列的能力，从工作关系网和联盟的建立，到工作中的说服和协商等。

尽管掌握这些技能需要花时间，需要付出耐心，但却是值得的。因为你为之奋斗的改革会有机会得以迅速实施，你会得到进行改革所需的资源，会发现大门总是向关键的人物敞开，而同他们的合作又是你所需要的。最重要的是，你会达到管理工作的最高境界：通过大家来完成工作，并促成对公司有价值的变革。

一系列能力

那么，如何才能掌握横向领导技能呢？康格建议应关注以下四种相互联系和相互影响的能力。

建立工作关系网的能力

建立一个广泛的工作关系网,包括公司内外的员工。有了他们的支持才能实现目标。假如建立关系网不是你天生所具备的能力,你就应给自己提出这方面的要求,从而使你逐渐具备这种能力。康格强调说:"有些人是打通关系的关键,他们有能力将你的关系网扩大,因而尤其需要同这类人建立联系。"

建设性的说服和协商的能力

在康格看来,有太多的经理人错误地把说服和协商当作是管理员工的手段。其实,如果以互惠互利为基础的话,说服和协商会极大地增强你的影响力。

要做到这一点,应该将员工当作同事而不是管理的"目标"。进修一些这类课程,阅读一些这方面的书籍能帮助巩固和提高你的技能。

征求意见的能力

花些时间拜访那些你需要他们支持的人。了解他们对改革的看法,听取他们的意见。康格认为,太多的经理人急于确定实现目标所需的步骤。然后他们在公司上上下下试图将自己的解决方案强加于人,错误地以为这就是在征求大家的意见。

那么,这样做的后果是什么呢?那就是抵触和争执充盈了整个过程。"如果你表明决心,提出希望达到的结果,但邀请同事共同完成目标,"康格说,"效果反而会更好。"

建立联盟的能力

几个人一起提倡某个观点比单独一人这样做带来的影响要大得多,这是人类的天性所造成的。正因为如此,建立联盟在横向领导方式中尤为重要。康格解释说,通过建立联盟,将有影响力的人集中起来组成"一个实权体"。

为了建立有影响力的联盟,问问自己哪些人会因改革而受影响。你需要谁的"祝福",无论是从政治上支持还是以提供重要资源和人力的方式?谁的支持对成就你的目标有至关重要的作用?

横向领导方式的挑战

尽管横向领导方式包括许多具体的相关技能,但是对许多经理人来说却不容易掌握。康格指出,原因之一是他们太专注于个人的作用，以至于不知道公司内部谁应该加入到建立工作关系网和联盟的努力中。

为防止这种"对个人作用的关注"，应花时间看看是谁在公司内说话有分量。大家常向哪些人寻求建议和帮助？谁常常对新观点和改革设置障碍？在公司的日常报告中你无法找到这些问题的答案。就像康格所说的那样，这些要在与同事的日常接触中和非正式的聚会上才能发现。

> 看看是谁在公司内
> 说话有分量。

除了避免过度关注个人的作用之外，经理人要应对职责所带来的压力，这种压力比起建立工作关系网来说更为紧迫。毕竟，他们许多人都尝到过实现具体短期目标带来的甜头，而横向领导方式不但需要你投入时间和耐心，而且往往要等到最后才有回报。

因此，怎样将产生短期效益的需要同建立长期有效合作关系的需求保持一致？康格建议应每天或每周花些时间完善横向领导技巧。例如，每周四和公司内外的员工一起共进午餐。这些人可能是你所不了解的，但可能会是你在未来的工作中起重要作用的人。

康格同时建议在同他们共同进行一项工作之前，应了解其中有影响力的人。比如说，你将领导一项工作,会涉及许多经理人,已安排一个月后召开首次正式会议。在召开会议前的几个星期,应找这些经理人了解他们对未来工作的看法。

营造恰当的气氛

考虑到对于横向式领导的越来越多的需求及其毫无疑问的长处,你可能以为公司正积极地培养这方面的人才。但康格却指出,情况并非如此。

的确,许多公司开设这类课程,传阅有关这类领导风格的文章,并建立指导项目以帮助经理人尽快辨识和掌握其中的技能。但是,康格提醒说,正规的培训和指导会带来有好有坏的结果。

这是为什么呢?"成功的横向式领导艺术取决于人际关系的良性变化。你无法预测或控制人们彼此间的自然亲密感,正是这种亲和力使得人际关系相互产生影响。"

成功地制造机会让人们融为一体,然后由他们自己很自然地建立工作联系,而不是将人"硬拉在一起",这样做效果会更好。通过会议、研讨会和公司资助的社交活动为他们提供认识同行的机会,尤其是那些没有机会相识的同行。

康格接着说,对于虚拟团队来说,人际感情尤为重

要。通常的情况是,越来越多的团队成员几乎没有机会进行面对面的交流,仅仅依靠直觉评价他人。少了这些不使用语言的交流,人们无法建立信任,从而横向式领导也就成为不可能。因此,虚拟团队的成员一定要特别留意他们的工作关系网。面对面地交流,尽管有时需要花费昂贵的旅费,通常却是值得的。共进午餐、一起喝咖啡和进行其他一些轻松的社交活动可以进一步加强工作中的人际关系。

随着商业形势的不断变化,公司将会需要经理人更自信地运用横向式领导技能。但是,由于多数公司对于培养这种领导人才的投入并不明确,经理人要发挥这种潜能就只有靠自己了。

第二部分 克服改革的阻力

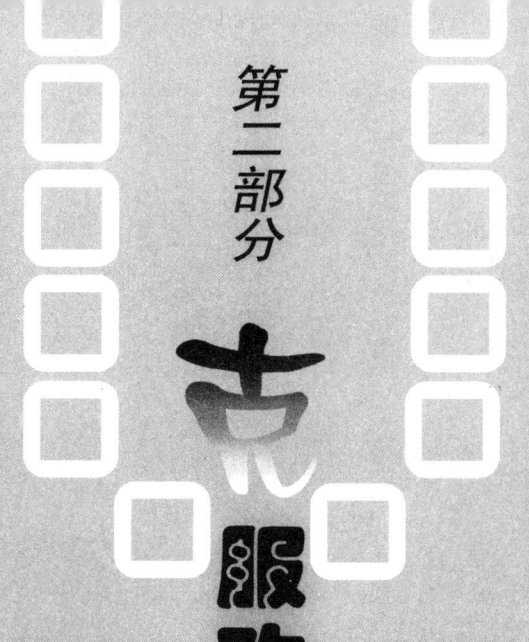

在你的经理人生涯中,当你试图调动员工进行一项重大改革时,一定会遇到各种阻力。改革是一件痛苦而且艰难的事,人们会想方设法阻止改革的进行。也许你的员工口头上承诺做出改革的努力,但却从未付诸行动。或者,他们用一些琐事来分散你的注意力,甚至是攻击你的人格。

本部分收集的这些文章将为你应对各种阻力提供丰富的工具、技巧和经验,无论阻力是以何种形式出现,你都有方法应对。方法多种多样,从将改革计划分成若干小的计划来进行,通过一步步的成功增强变革势头,到在员工中培养改革意识,从而使他们成为改革的主导者。

与完善领导技巧的努力带来的结果相同,当你掌握了应对阻力的种种有力策略时,那么你就能够更有力地激励员工投身于改革中,甚至对于那些最不好对付的员工也是一样有效。

1. 逆境求生的领导艺术

1. 逆境求生的领导艺术

"当你领导大家尝试进行艰难的改革时,其实是在挑战他们固守的一些东西,如日常习惯、惯用的工具、忠诚及思维方式,而带给他们的除了美好前景外,别无其他,"罗纳德·A.海费茨(Ronald A. Heifetz)和马蒂·林斯基(Marty Linsky)在他们的书中这样写道。他们在《处于危机状态下的领导艺术——危机中求生》(Leadership on the Line: Staying Alive Through the Dangers of Leading)(哈佛商学院出版社,2002年)一书中,对于公司如何共谋反对改革,以及领导者怎样因此被弄得鼻青脸肿甚至被击垮的情况,作出了冷静客观的分析。哈佛大学肯尼迪管理学院公共领导中心的创建者和主任海费茨,以及参与了该学院众多管理项目的执行主席林斯基,与《哈佛管理前沿》(Harvard Management Update)杂志主编洛伦·加里(Loren Gary),就领导者如何克服来自公司的阻力的问题进行了以下谈话。

对于重大改革,即需要人们付出心血的改革,阻力有哪些表现形式?

海费茨:领导改革时会遇到四种阻力:排斥、分散注意力、攻击和诱惑。当人们抵触重大改革时,他们的首要目的是避开领导的管理以保持其现在所拥有的。进行重大改革时,公司必须区分什么是需要珍视而应该保持的,什么是必须放弃的。当然,在改革开始时,多数人会觉得所有一切都需要珍视,他们不愿放弃任何东西。

这四种阻力有其各自的内容。例如,在男性占统治地位的公司,有人会鼓励女性提出公司内与性别有关的问题,也就是说,会鼓励女性要求薪金平等,要求参与解决工作与生活问题,或者要求全面参加高级管理层的工作,此时就会出现排斥。排斥也会出现在高级管理层,有时一些领导会和排斥者共谋,以缓解改革带来的痛苦。

林斯基:分散注意力有许多种方式,是指团队或公司有意无意地使你丧失主要关注的目标。有时通过增加你的日程,或将日程排得满满的,让你没有精力关注其他问题,而且他们的理由又总是合乎逻辑的。攻击是指攻击者通过转移话题让你的计划泡汤。为此会将话题转向甚至是攻击你的人格和领导风格。第四种阻力是诱惑,他们将某个对你有吸引力、极可能成功的计划呈现给你,使你因此而不能实施原计划。

你对这四种阻力的说明是要人们不要从个人的观点来理解它们,而要了解它们所起的作用。

海费茨:是这样,这些阻力会减少改革所带来的失衡。它们会使人们将改革计划搁置一旁,维持熟悉的东西,恢复秩序,使大家免受改革之苦。

林斯基:领导者不会由于个人原因保持中立。你扮演的角色和引发的争论,会使人们作出反应。在多数情况下,人们批评你是因为不喜欢你的改革主张。同样,对于个人攻击不作出反应也很难做到。但是,作为领导者,常常意味着要忍受这类痛苦。

那么,有什么方法和策略会推动这种改革呢?

海费茨:首先是让自己登上阳台。这个比喻描述的是在改革过程中退后一步的思维活动,问一问"这里到底发生了什么事情"?将这个想法付诸实施比做任何其他事情都要困难。缺乏对于工作的宏观展望,就会作出错误的理解和判断,最终导致对于是否需要干预作出错误的决定。

林斯基:我们都有在工作中被击垮的经历,特别是当工作非常紧张和个人责任较大时。在工作中,我们很难采取迂回的方式,尤其难以注意到的是自己的行为。当置身阳台时,不要轻易作出常规的判断。注意倾听谁说了什么。留意观察他们的身体语言。注意人们之间的关系和每个人对于他人关注程度的变化:是支持、反对还是倾听。

登上阳台之后该做什么呢？

海费茨：想要真正影响局势，你还是要回到大厅。待在阳台上，做个安安稳稳的观察者，同从未有过宏观展望一样无所作为。整个过程一定是反反复复的，而不是静止的。接下来，你必须了解人们的想法，否则无法推动他们前进。领导艺术的成功与否取决于正确地理解人们的不同观点。大家的观点可能会和你的不同，假如你不以他人的观点为出发点考虑问题的话，就很难被大家接受，因为大家会觉得你麻木而且专横。

林斯基：同样，要倾听他们的言外之意。人们的天性使得他们有意无意地维护他们的习惯和思维方式，试图避免作出艰难的价值选择。因此，倾听他们想法的同时还应向前走一步，了解他们的言外之意。

海费茨：观察公司掌权者的行为以寻找线索，就像透过窗户那样观察他，心里明白所看到的是真实的。如果你认为掌权者是独来独往，所表达的完全是个人观点，那么这样想的话你就会落入陷阱。事实上，他正试图控制公司中所有的人，而你所看到的其实是他或她对压力的一种反应。

你们说"一项事业的功过和采取的策略是相关的，不是相互制约的"，这句话是什么意思？

林斯基：在任何行业中，成功的领导者都强调人际关系。领导者需要从政治上考虑问题，尤其是他们需

要工作伙伴。我们不得不承认，来自自身的压力会妨碍你做到这一点。伙伴们会把他们的意见强加于你，迫使你做出让步；与他们打交道要花费时间，会影响你的工作速度。和团队一起工作有时会影响你的领导力，尤其是希望在公司进行改革或展示你的能力时，这对你是一个不利因素。

海费茨：尽管如此，我们仍然需要工作伙伴。他们能给你带来安全感，并帮你稳固人际关系。工作伙伴中如果有善于发表不同意见的人，尤为重要。但是工作中的伙伴关系不是无限制的、无条件的，也不是普遍的。一位同盟者赞同你的观点，并愿意为之奋斗，但这并不意味着她可以因此而放弃其他责任。假如你忽略了责任对于工作伙伴的重要性，就有削弱领导力和毁掉联盟的危险。

那么，该如何对待反对你的人呢？

林斯基：反对者通常是那些因你的成功会失去很多的人。改变立场会让他们付出惨痛的代价，会被冠上不忠的罪名。而结成联盟却不需要付出什么代价。正因如此，出于同情或是作为一种领导策略，你尤其需要关注那些反对者。

由于他们并不欣赏我们的热情和观点，我们多数人不愿花时间同这些人交往，并听取他们的意见。通常我们会选择较容易的方式，集中精力同支持者建立联盟而忽略了反对者。然而,了解反对意见会有益于作出正确的判断。假如了解人们的想法很重要的话,那么最需要了解的是那些极可能被改革所困扰的人的看法。

在巩固联盟上有何建议?

海费茨:决定你成败的人常常是公司的中间势力。他们之所以对你的计划有抵触,是因为改革会扰乱他们的正常生活,对于未来造成许多未知。领导这些人首先要认识到,假如你位居高级管理层已有一段时间而存在着未解决的问题,则几乎可以肯定,在某种程度上,正是由于你的缘故,问题尚未得到解决。

即使你在推动员工实现更好的目标,你也要勇于为公司当前的处境承担责任。同样你也应该认识到改革所带来的损失。当要求人们做适应性改革时,可能是要求他们正视他们信奉的价值观和他们的实际行为之间的内在矛盾。这实质上是要求人们背离他们的信仰。任何时候要这么做的话,一定是一件痛苦的事。领导艺术要求领导者应意识到改革所带来的种种风险和痛苦,同时要求领导者具备应对的能力。

林斯基:有时候,只在口头上对要求人们承受的损失表示感谢是不够的,必须在行动上为他们树立学习的榜样。榜样绝不仅仅是象征性的,它包括真正的冒险。但即使是象征性的榜样行为,也能给员工带来实质性的影响。

那么，树立榜样是不是就告诉人们所有的损失和牺牲都是值得的？

海费茨：没错，应该向他们展示未来。了解原因后人们会愿意作出牺牲。通过各种方式尽可能地让人们了解为什么要承受损失，帮助他们重新树立信心。人们需要知道他们下赌注是值得的。

林斯基：同时，你应该愿意承担后果。当公司或团队进行重要改革时，会有人不能或不愿意作出相应的调整。但如果你暗示说不愿承担后果，实际上是向那些尚未表态的人开了绿灯，他们会把你的想法搁置在一边。

2. 如何赢得支持者

大卫·斯托弗
David Stauffer

2. 如何赢得支持者

大卫·斯托弗

渣打银行(Standard Chartered Bank)全球消费金融业务部的CEO迈克·德诺姆(Mike DeNoma)认为,中层经理人对公司改革的最初反应是迟疑不决的。"然后,一旦有麻烦的迹象,他们会高兴地跳出来攻击甚至破坏改革。"

渣打银行,一般称为StanChart,是一家历史悠久的国际银行,关注于新兴市场,特别是亚洲市场。它的资产大约有1 000亿,员工有3万人,在55个以上的国家中有约750个办事机构。自2001年以来,德诺姆一直领导着StanChart 8 000万美元的国际CRM设施项目。由于计划周密,实施中注重细节,从而使他赢得了中级管理层的支持,使得改革一直进行得很顺利。

改革中最有力的工具是所谓的实用试验室。在这里,对现有业务的每项拟议中的改革都在虚拟的接近现实的状态下发生,一线雇员与真正的顾客互动。德诺姆认为,经理人从实用实验室中"看到了改革所带来的种种好处",这就为进一步实施改革奠定了良好的基础。

没有现成的简单方法可以用来克服员工天性中对于改革的矛盾心理,甚至是抵触情绪。但是,通过对三个不同公司中三类不同改革的调查,我们会发现成功的方法确实存在。

如实描述

吉姆·柯林斯(Jim Collins)在《从优秀到卓越》(Good to Great)(哈珀出版社,2001年)一书中认为,能取得突破性改革成果的公司都有一种严谨的思维方式。它们将整个决策过程浸泡在"残酷的现实"之中。一旦你着手以"诚实、勤奋的努力来判断事情的真相,正确的决策常常就是不言而喻的"。哈默特健康基金会(Hamot Healthy Foundation)是一家有300多个病床和近2 000名员工的医疗机构,其董事长兼CEO约翰·T.马隆(John T. Malone)认为,对于改革者来说,最具影响的一点是从一开始就能以开放、诚实的态度对待改革。

在20世纪90年代中期,哈默特健康基金会实施了一项改革,力图在维持经济收益的同时为患者提供世界级的医疗服务。"早期我们最重要的一项举措是

大幅度的裁员,大约裁减了125人,而且他们中大多数是在公司工作时间较长,有一定奉献精神的雇员,"马隆说。在这样的机构中,员工的工作态度和热情会直接影响顾客的选择和满意度,这样大规模的裁员会毁灭处于萌芽状态下的改革。但是,哈默特的领导者开诚布公地对裁员目的的阐述,以及同员工和团队的沟通,减少了因此带来的种种负面影响。从那时起,哈默特在许多种类的评选中被认可为全美百强医院之一,占据了当地百分之七的市场份额,在运作中一直保持盈余。

开诚布公的态度之所以最为奏效,是因为它不仅仅是举出数据和分析原因。只有打动员工的情感才能为改革赢得真正的支持。已退休的哈佛商学院教授约翰·P.科特(John P. Kotter)通过访问实施大规模改革的公司的许多员工,得出了以下结论:"使改革成功的与其说是思想,不如说是情感因素。运用生动而强有力的事实展示而非说教,更能激发人们的勇气。"这种效果可通过遵循科特称之为的"观察—感受—改变"的模式而获得。"一定要明确展示给大家有哪些问题和该如何解决这些问题,"科特和合著者丹·S.科恩(Dan S. Cohen)在《改革的核心》(*The Heart of Change*)(哈佛商学院出版社,2002年)一书中这样写道,"唤起人们的意识从而削弱改革的障碍……增强积极的情感。积极的情感会带给人们能量,从而推动他们在改革之路上前行。"

将改革分成小的步骤来进行

如果一项改革计划需要多年才能完成，这对于公司中任何人或团队来说都会感到不安。为了缓解这种情绪，可将计划分成若干独立的阶段或步骤来进行。Stractics 集团的董事长皮埃尔·默里（Pierre Mourier）说，"将一个大的计划分成若干小的计划来进行，通过它向职员展示趋势和进展情况，会有助于整个计划的完成。"默里是渣打银行 CRM 计划的实施指导者，这是一项 8 000 万美元的计划，其中该银行在香港市场上的首次尝试花了 200 万美元。渣打银行的德诺姆说，循序渐进地开拓市场的优势之一是"下一个市场实际上是站在前一个市场的肩膀之上，也就是说，它是基于前一个市场的基础上的。我们发现这样能节省时间和花费，因为我们可将逐渐获得的经验用于下一个计划"。

"将计划分成小的部分"也能减少重大改革给经理人带来的威胁，而这些经理人对计划的支持又是很重要的。航空航天业巨头洛克希德·马丁公司是世界上第一国防合同承包商，年利润 270 亿美元，拥有 13 万雇员。2000 年 1 月，该公司提出了"LM21 世纪成功动作"计划，其目标是兼并 18 家企业，实现精益运营，进

行持续的改进,为客户创造最大价值。

这项改革的一项内容是告诉经理人,他们的控制权在于可以给要解决的问题划定范围,让工人去寻找解决办法。"在多数经理人眼中,这相当于把精神病院交给精神病人管理,"公司副董事长、LM21计划主要负责人迈克尔·乔伊斯(Michael Joyce)说道,"但我告诉这些经理们,这样做的好处是可以进行小的改革并验证它。'看这样做行不行,不行的话,可以试试别的办法。'给了他们这条救生索后,我们就再也没有走回头路。"

LM21所有的临时目标都已达到和超额完成,2001年10月,该公司成为J35联合歼击机的主要制造商,这是有史以来美国政府给予私人公司的最大国防合同。

倾听员工的呼声

顾问里克·莫勒(Rick Maurer)认为,向一个新的目标努力时,为获得员工的支持,"人际关系和思想观点一样重要"。在《为什么我们需要的不一样?》(*Why Don't You Want What I Want?*)(巴德出版社,2002年)一书中,莫勒将影响改革的阻力分为三大类:"我不明白这个计划"、"我不喜欢这个计划"、"我不喜欢你"。只有第一类阻力源自改革本身,这是可以通过解释说明来克服的。其他两类都属于情感因素,分别属于对改革或提出改革的人本身的反应。克服这类阻力需要调查和倾听。"关键是人际关系而不是思想观点,"莫勒说,"处理好人际关系,情况就会完全不同。"

哈默特的马隆注意到,高层管理者同员工持续性沟通的投入度决定了公司改革可能性的上升或下降。"我来到员工中同他们和整个团队进行对话,"他补充说。善于倾听比善于表达更为重要,这要求你对任何一种可能都应抱有开放的态度。"目前,在全国范围内对医疗事故的调查趋向认真和严格。因此,我们鼓励员工坦白侥幸避免的医疗事故。我们会尊重并奖励这样做的员工。"

逆转潮流

渣打银行的德诺姆认为,高级管理层"致命的自负"表现在仅仅依靠自上而下的管理技巧来推动改革。洛克希德公司的乔伊斯赞同道:"在西方,我们的管理体系都是自上而下式的,这是很有必要的,也是很好的。但是为了做得更好,我们还需要一系列的技巧,自下而上地实施管理。"

电子零售商 Best Buy 的一项改革举措是组成九人"改革小组",它成为自下而上改革的主力,伊丽莎白·

吉布森（Elizabeth Gibson）曾这样谈道。吉布森是指导改革的专家，他和 RHR 国际咨询顾问们一起指导了 Best Buy 的改革。"在公司高级管理层之下，我们有四个层次的员工提醒高层哪些行为有害改革的进程，"吉布森说，"值得赞扬的是，高级经理人倾听了他们的意见，并及时作出反应。"

自上而下和自下而上所推动的改革犹如拳击中连续的左右猛击，会为公司注入活力。咨询顾问马克·A.墨菲（Mark A. Murphy）称之为"将公司放在书档中"。墨菲是墨菲领导艺术学院的院长，他指导了哈默特改革计划，认为这里说的"下"是指顾客（"你存在的理由"）和一线员工（"你公司的外在形象"），假如你期望有所改变的话，"最好能够调动他们投入改革的运作中"。因为你得到了来自上面和下面的支持，"书档"会出现在中级管理层。他指出，这种情况会让人感到不舒服，但能起到积极的作用。"一旦中层经理人同顾客、员工和 CEO 联合起来，就会形成一种潮水般的力量，使改革计划走向成功。"

尽管如此，高级管理层要为改革的成功承担最后的责任。"多数改革会在中级管理层失败，但原因却是来自高级管理层自身，"曾帮助设计洛克希德·马丁公司 LM21 计划的顾问罗伯特·B. 布莱哈（Robert B. Blaha）说道，"也许领导层告诉了我们它想要什么，但却没有提供达到目的的经济手段。也许领导层提供了所需的权能，但却没有改变衡量业绩的标准和奖励制度来促使人们的行为发生变化。高层管理者应该积极寻找适当的杠杆和机会，将抵触化作支持改革的巨大动力。"

3. 酝酿改革，避免毁灭 ……

洛伦·加里
Loren Gary

3. 酝酿改革，避免毁灭
洛伦·加里

"没有什么比率先引入一种新的事物秩序更难以掌控、风险更大的了，其成功包含很多的未知数，"文艺复兴时期的政治战略家尼科洛·马基雅弗利（Niccolo Machiavelli）曾写道。他认为这个世界是无情的，要获得成功，就必须擦干眼泪，实实在在地面对各种挑战。

但是酝酿改革，获得成功，就意味着要放弃一直以来信守的准则吗？早期那些批评马基雅弗利的人认为，他所提倡的在佛罗伦萨混乱不堪的政治海洋中驰骋的主张是不道德的。但是，现代管理理论似乎以同样的理由对于他的建议表示尊重。不过，有两本书极力主张维护伦理道德和工作效率之间的关系。两本书都承认维持这种关系很复杂，有时需要惊人的策略。

在《温和激进派》（*Tempered Radicals*）一书中，斯坦福大学教育学副教授德布拉·迈耶森（Debra Meyerson）描述了这样一类人，他们既渴望"以自己的价值观和方式生活，即便是同公司的文化不相符"，同时又期望"在公司中获得成功"。例如，现实的行动者主张利用那些给工人适当工资的供货商或利用这些供货商的竞争力,主张造就一种更具创造力的、更具冒险精神企业文化,无论这些问题是否涉及社会正义,现实的行动者们表现出的一些特征在传统意义的领导者身上都是找不到的。"他们的日常领导方式,"迈耶森写道,"相比之下是不易觉察的,是与众不同的,同时也不强调权威;同那些当代英雄的行为相比,它不显张扬,但渗透力更强,更具有机会主义特征,更谦卑。"

在《沉稳的领导》(Leading Quietly)一书中,哈佛商学院商业伦理学教授小约瑟夫·L.巴达拉科(Joseph L. Badaracco)把做正确的事情比作是冒险投资者的投资策略。"慢慢地消耗政治资本,"他说,"在作了仔细分析后,再进行有限的投资。需小心处理这些投资,有必要的话,可以将投资抽回。"

"马基雅弗利说,那些没有一定社会地位的人很难得到他人的重视,"巴达拉科继续写道。为了引起注意,必须具有影响力或在公司中有一定的地位,而这通常不是靠偶然机遇得到的。这也正是日常领导艺术不同于利他主义的英雄行为之处。日常领导者常常基于调配适宜的自身利益行事,这就使他们时刻保持清醒的头脑,并牢记自己领导团队的责任。尤其是,提高你在团队中的威信,关键就是要认识到一些小的行为的重要性。"有时,当紧急情况出现时,"巴达拉科写道,小的努力足以"引导事物朝着正确的方向发展"。

别拿困难开玩笑

一位年老的布列塔尼(Breton)祈祷者说："噢,上帝,海如此浩瀚,而我的船又那么小。"的确,公司毁掉你个人的力量是巨大的,这就是为什么太过直接的做事方式会导致你走向毁灭的原因。此外,巴达拉科说："有一句老话说得好,生活好比是战场,捷径往往是布雷区。"在这种情况下,了解你所能做的事情的界限其实就是智慧的体现。

巴达拉科的书中引用了一个真实的事例:丽贝卡·奥尔森(Rebecca Olson)刚刚接管医院后不久,董事会主席就告诉她有位雇员要控告医院手术部副主管理查德·米勒(Richard Millar)的性骚扰行为。理查德·米勒也曾是董事会内定的CEO候选人,而奥尔森则刚被任命此职。她没有立即解雇米勒或让米勒辞职,因为这可能会起到煽风点火的作用,而这不是她就任这个职位后所希望看到的。奥尔森在接下来的两个月中做了很多努力,最终迫使米勒辞职。巴达拉科总结了帮助她避免公司内人际关系紧张的以下四条办法。

➢ 她假定自己不了解实情。"为了生存和成功,重要的是对所了解的情况要客观而不是夸张,"巴达拉科写道。

➤ 她对于意料之外的事情有足够的思想准备。用德怀特·艾森豪威尔（Dwight Eisenhower，艾森豪威尔曾指挥了历史上最大的一次军事入侵）的话说，就是"依计划行事，但不要依赖计划"。

➤ 她留心观察局内人的反应。奥尔森必须小心谨慎地迫使米勒辞职，因为她是在要求医院的核心集团辞掉其中的一员。

➤ 她信任大家，但有时也作大的人事调整。"沉稳的领导很小心地表现出对他人的信任，"巴达拉科说，"而且并不轻易作出改变。"

为无名领导唱赞歌
——与小约瑟夫·L.巴达拉科的谈话

问：在阐述如何降低改革的风险方面，你是否担心遮掩了道德理想？

答：我不知道理想是否总是要那么崇高，是否总是需要历史的见证人给出清楚的例证。但是人们需要了解，为了渡过难关，勇气、奉献及在逆境中坚忍不拔的品质是非常重要的。然而，理想这个词常常脱离日常生活和日常遇到的问题。因此，我试图展示给人们的是一系列更为实际或更为现实的理想，这些理想构筑

在名不见经传的人的努力之上。这些人非常普通,他们发现问题后就着手解决,并取得了良好的结果。

我认为我们的天性注定要被极富性格魅力的领导所吸引。在人类的早期,能够生存下来的人通常是对头领的话立刻作出反应的人。当头领说"老虎来了,你应该这么做"时,他们会按照头领的话去做。是的,人们仍然渴望被激励,因为激励会让身体释放出激素,让我们产生良好的感觉。然而,激励人心的时刻往往是极短暂的。

经理们不必从《财富》封面故事中寻找激励,不妨环顾四周,在公司内寻找。他们一定会发现领导们在运用我所描述的这些策略。这些领导者才是真正适合人们仿效的典范,虽然他们没有领导人权运动或是在安然公司(Enron)处理混乱局面,但都在公司的日常工作中表现出众,从他们身上你能够学习到很多东西。

问:部门领导和中层领导真有可能对最高领导讲实话吗?

答:对最高领导道出令人不悦的实情应该要小心。表现你在道德方面的优势只会让你处于不利的境地,不会让情况变得更好。假如你对最高领导坦言的方式降低了你在公司的威信的话,就会影响你解决其他问题的能力。当然也有这样的情况,需要由你来纠正一些错误,制止一些非法和腐败的行为,为了制止这类不道德行为,你必须付出一些真正的代价,将自己处于某种危险的境地。这样做应该是你的最后一步棋,而不是首选办法。

在任何时候,公司内总是有各种各样的问题出现,而且往往这些问题并没有明显的错误和非法成分。只是我们能够将问题解决得更好罢了。例如,在公司里人们抱怨不公正的待遇。假如你希望在这方面作些改变的话,就应该积极地介入其中。假如希望小声告诉最高领导者真相的话,就应该学会选择话题,选择适当的时机和适当的措辞,营造恰当的气氛。

利用小的成功

彼得·格兰特(Peter Grant)在一家金融公司任职时,坚决主张雇用有色人种。"他可以将此想法变成公司关注的问题,"迈耶森写道,"但他坚信,如果做出任何明目张胆的举动来改变现行的招聘方针,或者挑战心照不宣的规则,会对同事造成威胁,引起大家的抵触。"因此,每当他雇佣了可靠的有色人种员工时,会要求他们承诺也雇用有色人种并同其保持良好的工作关系。30年后,现今处于公司要职的格兰特能够"更积极、更公开地提及雇员的多样化问题"。从小规模的成功开始,几十年来他一步一步地拥有了今天的3 500名

有色人种员工。

许多管理专家强调小的成功在动机上所起的积极作用，但是，迈耶森则看重它在建立联盟方面所立下的功勋。"一直以来，格兰特在不被众人注意的情况下雇用有色人种，直至他取得了一系列的成功，然后他才有能力引起大家对这一问题的关注，"他说，"温和激进派们非常足智多谋，在工作中能够从小的成功出发，让更多的人、更多的话题得以关注。小的成功打开了对话的可能。通过分辨什么是可以改变的，什么是无法改变的，可以从中揭示问题，了解阻力在哪里，发现以前不知道的盟友和信息，最终形成集体智慧。"

4. 新领导的角色

迈克尔·沃特金斯
Michael Watkins

4. 新领导的角色
迈克尔·沃特金斯

每年有成千上万的经理人要过渡到新的工作岗位,仅《财富》500强企业中就有60万这样的经理人。但是,对于如何进行过渡却几乎没有什么很好的建议。这确实很让人吃惊,因为领导者在新的工作角色中最初几个月采取的行动会直接关系到他们的成败。过渡一般出现在公司需要重组或当大家都期待改变时,也会出现在当新的领导由于缺乏对新的工作角色的详细了解,尚未建立起新的工作关系,从而领导力削弱时。

如何成功地做好角色的转换呢?我和丹·钱珀(Dan Ciampa)在多年的咨询工作中,在同有经验的经理人的谈话中对这一问题作了些探讨。从中我们提炼出一系列基本原则。其中最重要的一条是什么呢?就是尽快取得成功以建立起发展势头。在头六个月,新领导应该已经能迅速而明显地影响员工,让他们充满活力,从而更好地解决工作中的重要问题。

要取得早期成功,关键是找出这样一些问题:①这些问题能够在合理的时间内得到解决,②解决了这些问题会推动公司的运作并带来经济效益。例如,一家制造公司的新COO注意到公司流通系统中的分销商抱怨整个流通过程太慢。他发现大仓库太多,货物需很久才能流通到顾客手中。于是通过建立有交叉功能的团队及调整机构,他获得了成功,与此同时还降低了成本,使分销商更加满意。

为确保取得早期成功,新的领导者必须做到以下几点。

➢ 确立目标。是指她在前几年中要实现的长远工作目标,从长远目标出发决定前几个月的短期目标。当她开始获得早期成功时,就会同时推动公司向长期目标努力。

➢ 了解关键问题。对上文提到的COO来说是指流通系统的问题,但关键问题取决于公司业务本身。在一家制药公司,药品的开发过程可能是重要的;而在一家汽车企业,从产品的开发转到制造过程或许才是关键的。毫无疑问,关键性问题非常重要,并且一定有可进行改善的方面。

➢ 实施小规模的试验性计划。这是指在关键性问题的框架内,为保证早期成功所采取的具体的行动。计划应该制定完成标准,明确所需资源及运用的策略,同时还应明确具体和不具体的目标。

如何赢得早期成功也很重要。除了看得见摸得着的成果，实验性计划还应该为员工树立新的行为模式，这种行为模式同新领导对公司运作模式的想像相一致。这意味着，要拥有合适的员工，制定出长远目标，调配所需资源，给出最后期限，推动产生良好的效果，以及奖励有功人员。上文中提到的COO之所以有意识地建立有交叉功能的团队，是因为公司的运作还停留在较为单一的基础上。主要目标是建立一种良性循环，从早期小的进步到更为基本的改变，最终实现预期目标。

与此同时，获得早期成功的策略应该同公司文化相吻合。这在有些公司意味着低调合作，而在另一些公司是指通过有影响力的个人推动取得成功。不论是哪一种情况，新领导者都必须十分了解公司文化，能够区分什么对成功是"有效的"，什么是无用的。

最后，早期成功是建立在之前对情况充分了解的基础之上的。由于新领导者所面临的情况隐藏着许多复杂性和不确定性，因此在过渡期有必要对情况进行充分的了解。正确地认识问题，知道如何去解决问题，不仅取决于对技术性细节的了解，而且还取决于对公司文化和政治的洞察。

5. 公司无法造就领导人才而CEO们能够做到
——诺埃尔·蒂奇访谈

5. 公司无法造就领导人才而CEO们能够做到
——诺埃尔·蒂奇访谈

歇根大学组织行为学教授诺埃尔·蒂奇（Noel Tichy）是《掌握你的命运，否则会被别人掌控》（*Control Your Destiny or Someone Else Will*）一书的作者（哈珀出版社，2001年修订版），该书着重讲述了通用电气公司的经理人。蒂奇的另外一本书《领导艺术催化剂——成功企业如何培养各个层次的领导》（*The Leadership Engine：How Winning Companies Build Leaders at Every Level*），是与伊莱·科恩（Eli Cohen）合著的，2002年由哈珀出版社出版。书中探讨了通用电气、康柏、百事可乐、联信（Allied-Signal）、ServiceMaster、英特尔及其他公司中的领导者的工作方法。虽然蒂奇长期以来一直主张经理人应在工作中学习，从实践中学习，但该书却强调了CEO在培养领导人才所应起到的作用。

蒂奇主张，公司中最成功的领导者应该投入到培养其他领导人才的工作中。

蒂奇和作者汤姆·布朗（Tom Brown）就成功企业如何将"领导者"置身培养"领导艺术之中"为话题进行了以下谈话。

您认为 CEO 和其他高级经理应该成为公司内的老师，这是为什么？

很久以来，顾问、教授、公司聘请的专家一直支配着管理领域。既然所有的企业都要在当今这样高速全球化、技术进步飞速、产业发生巨大转变的情况下进行，那么，现在正适合年轻的经理人从那些驰骋商海的人那里获取经验。

只有那些拥有各个层次优秀领导者的公司，才能自信地应对公司当前面临的持续性变化，而最适合培养这种领导人才的人，就是那些在公司中已经获得成功的人。

这绝不是一般情况，为什么？

从本质上讲，许多企业家都是一个人在大公司内"表演"，比如说微软的比尔·盖茨（Bill Gates）就是这样。这类领导者通常不会有兴趣培养其他领导人才，从长远看，这的确很遗憾。当然，在其他许多公司，管理官僚们仍在掌控着公司，甚至控制了公司高层。这些执行官们对于维持公司现状比对于公司的发展更有兴趣。

我对这些出类拔萃的领导很是好奇,他们把自己当作是公司人力资本的大管家,认为自己的工作主要就是留下一笔人才遗产,以使公司能继续发展。在我的脑海里,他们是奥林匹克运动会的选手,是企业界的"迈克尔·乔丹"(Michael Jordan)。

您认为这类领导者与众不同吗?

假如是这样的话,他们或许占到10%。杰克·韦尔奇在通用电气干得很出色,但他仍然是一个持异见者;就这点看来,许多公司会毁了年轻的韦尔奇的职业生涯。许多近来跌了大跤的公司,如通用汽车或西屋电气,都肯定有像韦尔奇这样的人才。

在一些失败的公司里,鼓励保守行为,不愿冒险的心态仍占居首位。它激励了那些不愿冒风险、抵触改革的人。这样一种心态不可避免地会惩罚韦尔奇这类人或是将他们排除在外。

因此,我们应该更多地了解那些大胆果断的领导作风盛行的公司。我们需要知道这些公司是如何把这种大胆果断的领导作风变为自身文化一部分的,它们一方面接纳了这类领导者,另一方面还造就了这类领导者。

您主张年轻的经理人向有智慧的、知识丰富的CEO学习,是这样的吗?

首先,我们应强调课堂学习对造就领导者只能起到20%的作用(即使是由CEO们讲授的课也一样)。正规培训,加上无数其他培训活动,比如从参加战略性规划会议到制订年内目标,才是关键。英特尔的安迪·格罗夫(Andy Grove)最为突出的一点就是培养了许多和他一样有才华的经理人。

这类领导用一种被我称作是"可教观点"的理念作为指导。他们能够对产品、服务、流通渠道、市场动态以及经营企业的其他要素作出综合性判断,能够把这类知识灌输给那些缺乏经验的人。经验丰富的领导者传授这些知识,学生们在他们的指导下,在实践中得到锻炼成长。

这种方法从根本上奏效的真实"证明",就是资本市场上的投资者显然一直在奖励像英特尔的格罗夫这样的领导,促成例如前IBM、柯达、美国快递公司和最近苹果计算机公司的CEO们的辞任。

领导者必须传授给大家的不仅仅是一些诸如提供产品和服务之类的简单技能,是吗?

绝对没错。根据我们的观察,领导者也传授价值观,这种价值观与企业目标相一致并能帮助达到企业目标。他告诉人们如何调动他人的积极性,使整个公司充满活力。这同样是非常重要的。

您说"成功的企业造就各个层次的领导人",您所说的"成功"是什么意思?

我很欣赏哥伦比亚大学金融学教授拉里·塞尔登(Larry Selden)(已退休)所下的简单定义。他的定义在许多方面还可以完善,但是很难接受一个未实现16%资产回报率、营利增长未达到两位数的公司是一个成功企业的说法。

在您所拜访的公司中,是否有两三件事情是领导者一直当作最重要的事情坚持在做的?

我们所观察到的领导者各种各样,他们性格各异,年龄不同,背景也不尽相似。但他们都明白,他或她要在通过他人的努力完成计划的同时,改变他人的精神状态和世界观。他们在培养新的领导者接班,新的领导者将独立地承担起领导责任。

不同公司的 CEO 是否有相同的教学"大纲"?

他们都强调在实践中学习。他们强调个人价值观和公司价值观保持一致。他们讲授如何创造和增加股东价值(对这一点,许多经理人甚至包括高级经理人都毫无头绪)。他们教经理人如何竞争。他们都强调在公司里要有积极的情绪,要创造充满活力的氛围,培养锐意进取的精神。

何谓"锐意进取的精神"？

领导者知道如何作出艰难的决定，勇敢果断而且情愿作出这样的决定，并且能够忍受决定所带来的任何后果，这一点至关重要。领导者必须能够认清现实，采取应对策略。

CEO 能花多少时间教别人？

像联信的拉里·博西迪（Larry Bossidy）那样的领导全部时间都在教别人。其中只有小部分时间是花在教室里的。他提供实时的反馈和指导，包括战略、业务及人力资源方面的指导。

博西迪给每位重要的经理都写信沟通，每人每年要写三封信！信中包括给每个人的反馈意见、评估、建议和指导。他在作了战略、业务及人力资源的反思总结之后才寄出这些信件。这不是教还是什么？因此，当我说执行官应该成为教师时，我不是指传统意义上的典型教授。

这一点是否适用于所有的经理人？一线管理者也要教他人吗？

当然。试看美国军队和它的一些特种作战部队，例如海军的"海豹"突击队。"海豹"突击队的 48 000 名男兵和女兵可以认为是世界上最出色的士兵。深入了解他们的训练计划，就会发现有中士军衔的"老师"与

陆军上将和海军上将在培养领导艺术方面是一样投入的。

公司需要哪些设施来进行教育工程？

许多一流公司在租用的宾馆内就完成了它们正规而重要的培训计划。我认为，像通用电气那样的公司将Crotonville这样一座巨大建筑划归教育之用，以此凸显其对人才培养的关注，这确实很说明问题。造就未来的管理人才不是划拨房产这样简单的事情，而是需要公司上层的真正介入。

怎样帮助年轻的经理人克服对即当领导者又当教师的畏惧心理？

很难防止他们在一定程度上出现畏惧心理，也没有必要这样做。20世纪80年代，我参加了通用电气的一项训练计划，从中学到不少东西。教员首先选我来攀登花岗岩墙壁，我从未学过攀岩，害怕得差点哭出来。尽管我一直穿着保护服非常安全，但我还是忍不住想"我可能会把小命儿丢在那儿的"。

一位经理学生要进行一项为期90天的、由CEO指导的在工作中学习的计划来发现新的并购目标，一定会有和我一样的恐惧和焦虑。在向公司阐述他的学习心得和结论的前一晚，他肯定会彻夜难眠。他也许在想"我的职业生涯恐怕明天就要结束了"。但是，研究表明,适当的焦虑和恐惧会促进学习,只要这种焦虑和恐惧不严重到使人瘫痪。

而且,无论何时,当年轻的经理人向有才能的CEO阐述他的研究、发现或意见时,CEO们都会对他们作出一定程度的"评判"。CEO是依据他所看到的东西来判断一个人的。

您谈到的"可教时刻"是指什么,它为什么很重要?

领导者将自己职业生涯的一些经历归结为给自己带来转机的神奇时刻,因为在这些时刻他们遇到了重要问题并从中学到了重要经验。这种职业生涯的转变点就是"可教时刻"。领导者需从这些经历中提取智慧、精华,传授给大家。

那么,公司内的"故事"有价值吗?

是有价值的。在像宗教这样的领域,故事总是重要的,可以在一代又一代的人之中反复灌输其文化价值观。这种方法在企业中也很重要。

或许要指出的是,无论是娓娓道来的故事还是生硬的企业策略,你都无法靠它们来拥有一个学习性的公司,除非它首先是一个教授性的企业。当CEO和其他执行官们从可教的观点同大家分享他们最好的经验时,才会产生效力。

您在大学里主要是在教学生。您的书也主要是在讲述作为领导者教的重要性。有句老话说"能人干事业,蠢人教书",您怎么看呢?

看看我们在《领导艺术催化剂》一书中所提到的那些公司吧。看看我们描述的那些成功的、充满活力的领导者吧。你会看到强有力的证据表明,能教别人的人一定要教,我甚至会说他们必须这样做。

6. 标新立异——领导者如何吸引新的追随者

洛伦·加里
Loren Gary

6. 标新立异——领导者如何吸引新的追随者

洛伦·加里

什么能吸引追随者呢？是领导者的个人魅力？是的，在很大程度上讲是这样的。但是，著名的领导艺术专家沃伦·B.本尼斯（Warren B. Bennis）认为，我们对于魅力一词的理解需要调整。真正的魅力不是一系列天生的性格特点，而是"社会交往的结果"。的确，追随者和领导者的角色互不可分，以至于看起来这两者"似乎是相同的"，本尼斯在近期的一次访谈中这样认为。换言之，提高和完善吸引追随者的技巧能帮助你成为一个好的领导。

本尼斯和罗伯特·J.托马斯（Robert J. Thomas）在他们合著的《少年奇才和老年精英》（Geeks and Geezers）一书中，讲述了他们对43位著名公司领导人的访问。少年奇才们都是35岁或更年轻，老年精英们则70岁有余。调查中最有趣的发现是，应对危机的能力和通过达到共识调动他人的技巧并不因年龄的增长而消退。70岁以上组的每位精英"都拥有驾驭大局的品质",本尼斯和托马斯提到这样一个词汇——neoteny,这是一个动物学词汇(neoteny,原义为幼期性熟,此处引申为标新立异),用来表示"所有与年轻人相关的优秀品质:好奇、爱玩、迫切、无畏、热情、活力"。

现实中,neoteny的标志是指一个孩子有能力吸引某一类特别的追随者。由于neoteny这个概念是领导者和追随者相辅相成作用的结果,本尼斯于是认为它是"比魅力更实用的一个概念"。标新立异的领导人有能力吸引特别的追随者,罗伯特·E.凯利(Robert E. Kelley)称之为"典型追随者",把它作为同保守者相对立的一个概念。在《追随者的力量》(*The Power of Followership*)一书中,他解释说典型追随者在工作中表现出的独特之处,对公司的运作非常重要:那就是他们一直在思考寻找更为有效的方法。

相反,保守的人会很积极参与分配的工作,但他们不会进行独立思考。他们被众多的选择和不确定性所困扰,更愿意被领导者自信的观点和鼓舞人心的意见所左右。

因此,是什么使得标新立异的领导者赢得了有独立见解的改革者呢?就是那些使你成为典型追随者的技能。"做一名出色的观察者,"本尼斯借用索尔·贝洛(Saul Bellow)的小说《拉韦斯丹》(*Ravelstein*)中对人物的描述说。经典著作《留心观察》(*Mindfulness*)的作者、哈佛大学心理学家埃伦·J.兰格（Ellen J. Langer）认为,这种能认识到潜在的重要性、机会和才能的能力需要"一个过程"。她解释说:"人们通常会将思维的稳定同所观察到的情况的稳定相混淆。"

> 有魅力的领导艺术
> 只会造就保守的人,
> 但是标新立异的领导艺术
> 会吸引有独立见解的信徒。

"我们多数人直到有大的改革发生时才会醒悟进行改变。如果在情况发生改变时才进行调整的话,那么所看到的事情一定是静止不动的。假如你留心观察的话就会看到事情是在变化的。"不要用陈旧的习俗来作判断,要积极地留意目前情形中的新情况和内容的变化。

"这是情况的不确定性所决定的,"兰格继续说,"否则就不会引起人们的注意。"不确定因素将标新立异的领导和典型的追随者联合在一起。领导者关注改革,让追随者不仅看到自己与现实的一致性,因而更容易信服,同时也让追随者明白他们改革的行为会受到欢迎和鼓励。在此过程中,领导者的技能得以完善。

第三部分 改革作有效的沟通

成功地调动员工进行改革的经理人往往具有非凡的沟通才能。他们懂得如何传达给大家一种强有力的信息，告诉人们改革的重要性，以及如何把对未来的期望转变为眼前具体的现实目标。一旦人们了解了改革的重要性，知道如何进行改革，他们就更容易接受和支持改革计划。

本部分对如何作有效沟通提供了一系列实用的指导，从充分传达自信心和可信性到确定明确的目标及选择合适的沟通渠道。同时，还介绍了如何将大家的注意力吸引到改革的计划上来，如何使员工"干劲十足"地进行改革，如何发展一些作有效沟通的情感技能，等等。

着手运用本部分各篇文章介绍的策略，会大大提高自己激发团队改革的热情、创造力和动力方面的能力。

1. 成功沟通

约翰·鲍多尼
John Baldoni

1. 成功沟通

约翰·鲍多尼

2001年9月11日,美国航空公司的两架飞机遭到劫持。两个月后,该公司一架飞机刚从纽约皇后区起飞后不久就坠毁,美国航空公司因此再次遭到沉重打击。公司CEO唐纳德·J.卡蒂(Donald J. Carty)对这一灾难性损失的补救措施是有意识地出现在台前,承担责任。

一向非常内向、通常并不将自己置于公众注目中的卡蒂,这一次却坦然来到媒体面前回答公众的种种责问,他甚至参加了拉里·金的访谈节目(Larry King Live)以表明公司的决心。空难之后,他来到纽约安抚悲伤的乘务人员和地勤人员。当然,并不是没有人批评卡蒂,工会领导人和普通职员认为,他需要具有更好的沟通能力,特别是在员工问题上。同其他航空公司一样,美国航空公司在这次空难后解雇了大批的员工。也就是从那时起,卡蒂和他的管理团队一道,及时让员工了解情况,并激发他们的士气。

卡蒂和他的团队展示给我们的是用行动来进行沟通的方式。成功的沟通并不是一件简单的事，但确实有一些简单的规则可以遵循：始终如一，明确目标，树立好的榜样，注重沟通。

通常，我们会以为沟通仅仅是公共事务部门和营销部门领导者的事。但是，情况不是这样的，沟通是整个企业所有领导者工作的核心。领导的出现和良好的沟通，不仅对应对危机而言，而且对于客户和员工始终清楚地了解公司的目标也是一样的关键。

理查德·蒂林克（Richard Teerlink）在同经销商和业主经常不懈的沟通中使得哈利-戴维森（Harley-Davidson）公司重获生机。对西南航空公司而言，赫布·凯莱赫（Herb Kelleher）是擅长沟通的典型。他经常乘坐二等舱，并从一线员工那里了解业务状况。苹果计算机公司的 CEO 史蒂夫·乔布斯（Steve Jobs）对公司的转变也起到关键的作用。他就像一位有眼光的建筑师使得员工和顾客都精力充沛，对公司十分忠诚。

"再英明的战略也只有当大家都明白并相信它时才能有效，这就需要沟通，"福特汽车公司负责沟通事务的查克·斯尼里（Chuck Snearly）说，"在一些成功的企业里，员工相信他们的领导，有目标和归属感。事实上，领导者肩负的任何一种责任都有沟通的成分在里面。"

倾听领导的声音

领导者在沟通中传达的信息，是领导者传递给公司重要的利益相关者包括职员、顾客、投资者甚至普通公众的一种重要信息。这些信息可以通过电子邮件、面对面的交流或是公开演讲来传递给大家。

CEO让大家了解公司未来的目标，就属于沟通的范畴。CEO所写的重新安排会议的备忘录则不是沟通。沟通根源于公司的文化和价值观，它包括公司的目标、任务和变化，并要求大家付诸行动。这些信息会直接传递给个人、团队或整个公司。这样做的目的显而易见，即建立或巩固领导和员工间的信任。

当危机出现时，考虑自身利益或退缩是人们的天性所造成的，但是上文中所提到的那些事例，却表明天性并不代表正确的应对危机方式。最好是坦然面对公众道出实情，不要躲在后面佯装不知情。

"沟通是领导艺术的基础，"著名沟通公司威廉斯/杰拉尔德（Williams/Gerard）的培训官唐·达菲（Don Duffy）说，"人们需要领导，需要有人指引，缺乏不懈的沟通就不能成为真正的领导。"

对公司文化的影响

健康开放的沟通方式会让员工精神饱满，充满活力。他们朝着明确的目标努力，在一定程度上是由于他们拥有善于沟通的领导。没有沟通，就会出现相反的一幕。人们会固守他们的某些东西并且显得唯唯诺诺。这毫不奇怪，因为他们既不知道也没有人告诉他们将会发生什么。

"如果公司中从上到下没有人明白你的战略，那么你的战略就等于没有，"瑞士洛桑国际管理发展学院（IMD）管理学教授、密歇根丹尼森咨询公司主席丹尼尔·丹尼森（Daniel Denison）博士这样认为，"你可能有目标、梦想或计划，但是没有公司同仁的理解和支持，就无法实现目标。"

在过去 20 年间，丹尼森研究了公司文化和领导艺术对于基层员工行为的影响。"让我非常惊讶的是，公司花了太多的时间来阐明 CEO 的价值观和梦想，而在了解员工是否明白所传递的信息上花的时间却太少。"

"一些堪称是伟大战略家的执行官认为，实施一项计划不需动脑子。有了这种想法，就无法在公司建立自上而下的团结，最终会毁掉公司，"丹尼森接着说，"这样的管理理念会导致思想者和行动者的脱节，使思

想者处于公司的高层，而执行计划的人却在别处。为了公司的成功，需要每个层次都有思想者和行动者。"

领导艺术所传递的信息表明了公司的文化和价值观，但是它同样包括领导者的个人理念。领导者通过传递有益于公司和员工的信息，使工作目标与公司文化结合起来。换句话说，领导者把对公司有益的大目标同对个人有利的小目标结合起来，期望赢得员工对工作的投入，并在领导和员工之间建立起信任。

目前，挑战性的商业环境需要领导者进行沟通。"商务过程越长，越需要沟通，"达菲说，"过程长的时候，员工有更多的时间彼此交流。可以通过经常性的沟通促进大家的交流，或者可以让他们对所传递的信息进行思考。"人们希望他们的领导者坦率、诚实，同时能给他们以帮助和指导。

如何促进沟通

以下方法可以用来促进沟通。

始终如一

信息的一致性很重要。毁谤者们说罗纳德·里根（Ronald Reagan）一生只作了一次演讲，因为同样的演讲内容被他一再重复。英国前首相玛格丽特·撒切尔（Margaret Thatcher）是里根的崇拜者，她认为，说里根只有"五六个"观点或许没错，但他的观点都是"伟大的观点"。同样，企业领导者们需要不断强调他们的"伟大观点"，与公司的价值观保持一致。这样，主要的利益相关者才会明白企业所追求的目标到底是什么。

丹尼森认为，沟通者要做的是一项艰难且必要的工作。"沟通者面临的挑战就是要通过重复其观点为公司带来活力。"梦想、价值观和目标的统一取决于信息传递的频率和质量。

福特汽车公司的斯尼里对这种观点表示赞同。他每天的大部分时间都在一遍遍地强调公司的目标中度过。"在大企业中，重复能够帮助信息的传递，"他说，"资深领导者假定他的直接下属会将正确的信息传达给他们的手下，如此这般一级一级地传递下去，这样的假定其实是错的。无论在小企业还是大企业，尽管信息已经很好地传递给大家，但重复仍然能够帮助大家关注战略和目标。从理性角度看，重复能帮助每个人了解所应该做的。从情感角度看，它满足了人们需要联合并成为集体一部分的要求。"

确定明确可信的目标

明确告诉大家公司的未来目标是什么。例如，史

蒂夫·乔布斯运用了他充满想象力的言词鼓励大家展望未来，全力以赴关注新产品的开发。

从主要利益相关者那里获得承诺

要调动大家为公司的运作全力以赴。唤起他们的热情，然后要求他们作出承诺。尤其是承诺一些细节：他们该做的工作，何时做，以及怎样做。美国海军陆战队将军彼得·佩斯（Peter Pace）曾有六位上司。他努力让他的所有上级完全了解他的意图。一旦出现分歧，就像迈克尔·尤斯穆（Michael Useem）在《引导》（Leading Up）一书中所描述的那样，佩斯会说出自己的想法，决不背着上司做什么事情。

佩斯并不总是能得到所期望的承诺，但他认为，自己同上司良好的工作关系和92 000名海军陆战队士兵较好地听从他的领导，都得益于他透明的沟通方式。

引导，引导，再引导

领导者在很大程度上是借助他人的力量来达到预期目标。沟通在这方面就能起到至关重要的作用。员工拥有了必要的工具和资源时，才能成功达到预定目标，这其中当然也包括领导者个人的参与。一定要为员工提供丰富的反馈信息。许多资深领导把经常性的对直接下属的引导当作一种习惯,对他们及时予以表扬并提出改进建议,而不是等到年终总结之后才给出可行的反馈意见。

走到台前

当计划一步步地实施时,或企业本身在向前发展(或后退)时,确保自己处于前台和中心位置,掌握着大局。留心观察大家并让别人注意到你,同时倾听你的意见。美国航空公司的唐·卡蒂(Don Carty)就是这么做的,当公司处于困境时,他勇敢地站出来,承担一切压力。

发出行动的呼声

当前途未卜时,是另辟蹊径还是激励团队前行?为了得到大家的支持,你要把想法说出来。告诉大家需要做什么和由谁来做。足球教练们就精于此道。让我们执行计划,赢得比赛,带着胜利回家。

强调人人都需要良好的沟通

领导者并不是惟一需要掌握沟通技能的人,员工们也需要培养这方面的技能。沟通包括同事和同事之

间的沟通，也包括同公司上级领导和下层员工的沟通。如果公司内只有领导的声音，那么整个公司将没有生气。注重沟通的团队、部门甚至整个公司，目标将会更明确，员工也会更团结。为什么呢？因为人们能在沟通中彼此了解对方的意图。

明智地选择媒介

领导者应该特别留意他们所使用的媒介。好的建议可用电子邮件传送给大家，但电子邮件不能取代面对面的沟通，尤其是对工作进展作评论时。电子邮件适用于通知事情和说明情况，对于面对面的沟通，如辅导研习会却不适用。然而，用它作为辅导研习会的补充却是可行的。

大型会议对大家了解公司的目标和任务、激发员工的工作热情和传达改革的迫切要求是非常理想的一种手段。坦率地说，领导者应该开诚布公地告诉大家他们对于公司的期望。可将期望提前写出来，讲给大家听的时候拿着提纲就可以了，要尽可能多地同大家进行眼神的交流。

还有许多诸如此类的例子，以上这些只是针对初学者而言的。

英国"斗牛犬"如何让大家倾听

20世纪最伟大的领导者和沟通专家之一温斯顿·丘吉尔(Winston Churchill)并非天生如此,他小时候就受到口吃的折磨。母亲劝他选择无需在公众面前说话的职业,但他没有听从母亲的劝告,反而选择了需要在公众面前说话的职业,而且做得很好。总结他同公众交流的方式,主要有以下几点。

1. 引起大家的注意。沟通是双向的。听众没有倾听你所讲的,就很难同他们进行交流。必须从一开始牢牢抓住听众的注意力。

2. 经常重复。丘吉尔著名的观点就是不厌其烦地反复讲述他的一些原则。没有什么比有技巧的重复更能让大家了解某一中心思想了。

3. 运用生动的语言。丘吉尔非常明白语调、语速、语言和重点的变化在抓住听众注意力方面所起的重要作用。在公开演讲中,他特别注意动词的使用,因为动词使语言变得生动。

4. 强有力的结尾。人们往往会记住你讲的最后一句话,因此要特别留意结尾。要将精华留在最后。

5. 使用简单的手势。从丘吉尔的演讲录像中你会发现,他总是站得笔直,一只手要么放在西装上衣的翻领处,要么紧贴在腰部。另一只手偶尔会做垂直手势来

强调某个观点。他的手臂决不会像"风车"那样在身体四周摇摆,因为那样做有损演讲者的表现出的力量和威严。

6. 作停顿。政治性演讲中有记载的最长的停顿出现在丘吉尔1941年在加拿大国会所作的演讲中。有人告诉丘吉尔英国将"像一只小鸡那样被扭断脖子"。对这个挑逗,丘吉尔是如何反驳的呢?"一些小鸡,(停顿)一些脖子。"丘吉尔自信地等着笑声和掌声结束才接着往下说。这是一个经典的演讲。

倾　　听

成功的沟通艺术不是自上而下的单向信息交流,信息也应该由员工传递给公司领导。假如员工认为公司中有他们的利益,领导者运用双向沟通方式就绝对是必要的,特别是允许大家提出意见、建议,甚至是反对意见。在沟通中,员工的归属感就能得以满足。

在许多情况下,员工反复接受领导传递的信息,便能更好地了解领导的期望、公司的需求和他们应该如何进行调整。这样,领导和员工之间才能相互尊重,建立良好的关系。有了彼此的尊重,他们才能目标一致,相互信赖,为达到公司的目标而努力。

2. 明星效应

大卫·斯托弗
David Stauffer

2. 明星效应

大卫·斯托弗

比尔·克林顿(Bill Clinton)具有明星效应。科林·鲍威尔(Colin Powell)也不例外。罗马教皇约翰·保罗二世(Pope John Paul Ⅱ)、英国王妃戴安娜(Diana)、肯尼迪总统(President Kennedy)也同样具有明星效应。

明星效应是指一个人通过其外表、姿态和举止瞬间带给大家的一种积极信号。研究发现,能产生明星效应的不是人的体型、身高甚至美貌,尽管这些天分会起到一定的作用,也不是外向型的性格或其他性格因素,尽管它们也能起到一定的作用。

这里所讨论的是其他方面。"在好莱坞,这叫做明星效应,"弗吉尼亚州维也纳安德森领导艺术协会主席兼执行指导詹姆斯·B. 安德森(James B. Anderson)说,"在军队中,人们称它为指挥官效应。无论怎么称呼,它取决于人的态度、对事物的关注和表现出的自信。"

作家和仪表专家托尼·亚历山德拉(Tony Alessandra)说:"你看到过这样的人吗?当他或是她走进房间时,所有人都将羡慕的目光投向他或她。因为他或她通过自己的身体语言、情绪和智慧,向大家传递了一种积极的、无声的信号。"

> 进房间之前,
> 前后活动一下肩部,
> 挺直腰膝。
> 站立时,双脚与肩同宽。

所幸的是,这种无声而快速地带给大家积极印象的方法是能够掌握的。以下介绍的七种方法能够帮助你增强明星效应。

生动的表情

假如希望带给大家积极的信息,外表看起来却是消极或中立的,这对你就非常不利。"乐观的人大都表现得充满活力,他们工作投入,而且总是面带微笑,同大家进行眼神交流,"亚历山德拉说。这合乎情理,即使你无法做到像罗伯托·贝尼格尼(Roberto Benigni)

那样总是带给大家无尽的欢乐,但至少可以对未来的会议、招待会或其他活动抱积极的态度。进房间之前,想像一下这样的场合能带给你的好处,比如,能够认识一些重要人物,或者给会议主席留下好的印象。

接下来,为长久目标而努力。例如,"每天至少为他人认真地做一件事,一件完全没有利己心的事,一件你肯定不会得到任何好处的事,"执行指导卡米尔·拉文顿(Camille Lavington)说,"从中获得的良好感受会让你感到震惊,同时会加深别人对你的第一印象。"

走 出 自 我

在同别人交流时,脑子里仍在考虑自己的事,就无法留给大家好的印象。考虑自己的事包括眼前的问题("摩丝是否仍使翘起的那绺头发贴在额头上"),也可以指长远的事("如果牛市继续的话,或许就不需要缴纳社会保险金了")。无论是哪种情况,都表现出你的封闭和不开放。想想看,在许多人当中,你是不是一眼就能看出那些心不在焉的人。

在这种情况下,听听作家兼演说家萨姆·霍恩(Sam Horn)的建议。"试着将注意力放在别人身上,"她建议说,"请采用以下四种方法:饶有兴味地注视对方。身体微微前倾,似乎要抓住对方所讲的每一个词。扬起眉毛。同听众保持身体的一致,听众是坐着的时候就坐着,听众站着的话就跟着站着。按照这四点来做,你一定会对他人产生兴趣,而别人也同样会对你产生兴趣。"

这里也有一些能使你受益的长期策略,其中主要包括进一步融入周围环境。自我完善则是指培养感觉和技能,以使你对外界有更近距离的了解,比如完善听力技能和观察能力,或者参加创造性艺术课程的学习,如摄影、丝网印刷或观鸟。所有志愿活动都能让人走出自我,像教堂活动、学生家长和教师联谊会以及在其他大陆进行无报酬的人类考古挖掘,这些都有助于你抛开自我。

微　　笑

霍恩说:"任何人都难以抵挡真诚的微笑。"她还补充道,真诚尤其重要,"勉强的、掩饰自己内心恐惧的微笑只会很生硬,这也就是为什么你应该把对自己的注意转向他人的原因。"

运动和正确饮食

假如为完善自我,你选择做运动的话,这就对了。亚历山德拉认为:"身体健康的人步伐中透出弹性,面容充满活力,这些毫无疑问会吸引大家。"他认为饮食也很重要。"我们多数人意识到饮食会帮助你获得能量,但也可能有损健康。关键是每个人要认识到这两种不同的结果,确保自己同他人一起时,饮食带给我们最适当的能量。"

同多数感到时间紧张的人一样,你应该知道把常规运动作为养生手段,其效果需要等到退休领取养老金时才能看到,但是它至少会改善你的身体姿式。威斯康星大学医学院儿科和体育医学副教授大卫·T. 伯恩哈特(David T. Bernhardt)发现:"我们日常所做的许多事情使我们耸肩塌背,人也垮垮的。学生们没精打采地坐在椅子上,许多办公室职员也待坐在电脑前或是没完没了的会议中。这些都有害于正确的身体姿式,如身体笔直、挺胸抬头。可以通过一些锻炼肩部和背部肌肉的运动做到这一点。"最简单的方法是,将两个网球用胶带粘住,放在背部上方肩胛骨处,然后紧贴墙壁站立,重复挤压肩胛骨处,并且每天要做五到十分钟。

饶有兴味地注视对方。

身体微微前倾，

似乎要抓住对方所讲的每一个词。

扬起眉毛。 同听众保持身体一致，

听众是坐着的时候就坐着，

听众站着的话就跟着站着。

按照霍恩的建议去做,就会让自己身姿挺拔。"进房间之前,前后活动一下肩部,挺直肩膀。站立时,双脚与肩同宽。这个姿势会让你看上去像运动员那样充满活力和朝气。"由此可以表现出你的自信。

心 中 有 目 标

有了生活的目标能使你在社会交往和商业活动中不迷失方向吗？亚历山德拉认为能。为了阐明其观点,他讲述了一位小女孩的故事。小女孩对幼儿园的老师说她在画上帝。当老师说"没有人知道上帝长得什么样"时,小女孩回答道,"他们马上就会知道"。亚历山德拉断定,能吸引他人的人同这位小女孩一样,"对梦想具有儿童般的虔诚,他们确信自己能够创造奇

迹。……没有梦想和目标的人是在游荡，他们总是显得心不在焉。而另一方面，有了目标，会明显表现出充分的自信和热情。"

认真倾听

在同他人进行交流之前，我们脑海里会浮现出这个问题："我该说什么呢？"这个念头不利于双方的沟通交流。你的担忧会明显地表现出来（见第二种方法），而且进一步会担心"听众们会说些什么呢"？

"当你表现得关注他人，而不只是关注自己时，你会觉得很放松，"霍恩说，"这是因为你没有了压力，我们周围的人此刻就是整个世界。"能够做到这一点尤其重要，因为它是你的财富和秘密武器，会使你马上赢得别人的好感。所有人都期望自己被重视，想向别人讲述自己认为值得一做的事情，换句话说，我们都希望被倾听。

做真实的自己

尽管你在按照上文中提到的建议在做，但如果你的脑海里没有被他人的事情所占据的话，别人就不可能很快对你产生好感。当然,这并不是说你必须抛开前文提到的六种方法,而是每次采取一种方法,循序渐进,慢慢掌握其中的奥秘。

留意别人吸引他人的策略。执行指导吉姆·安德森(Jim Anderson)提醒说:"那些自称是形象顾问或别的什么的人实际上是在教人做假。不要觉得自己应该成为大家期望中的你,相反,要勇于做真实的自己。你可以用这样的比喻说给大家听,'假如你们不喜欢我,希望你们所不喜欢的是真实的我,而不是别人所期望的虚假的我'。做真实的自己会让你感到很舒服,会让他人感觉你的本性,因而更容易得到大家的喜爱。"

霍恩也给出了相似的建议,以避免那些试图证明自己如何聪明的人那让人不舒服的面部表情。"当我们试图向别人证明自己是多么有智慧、多么聪明时,会表现得不自然。相反,不想证明什么的表情才最吸引人。"

智言的力量

尽管你留意保持良好的姿态,注重培养那四方面的技能,并在念念不忘目标的同时注意倾听他人的意见,但应该记住,真正让别人印象深刻的是那些充满智慧的话语。许多形象顾问的建议让我们有这样的印象,即谈话内容无关紧要,只要你看上去棒就行。但是,没有什么比真实更为重要的了,听众也许无法记住你讲的每一句话,但他们一定会牢记你讲的重要的观点,而且他们很精明,会将你所讲的和传递给他们的无声的信息作比较。这就要求你必须将传递的信息和你的态度保持一致,信息要尽可能简单明了。下面四点建议会对你的讲话、演讲有很大的帮助。

同核心信念相结合

你紧张吗?听众会从一些细小的身体语言上注意到这些:眼睛左顾右盼,双脚不停移动,肩膀耸动,手心冒汗,紧张地咽口水。所有这些带给听众的是这样的信息,你在考虑别的事而没有考虑谈话内容。研究表明,眼神不专注的人有可能是在说谎,那么听众们关心这一点是没错的。克服紧张的最好办法是确定你所讲的同你倾注热情的想法和信念相关。离核心信念越远,就越容易表现出你的迟疑不定。

告诉大家你的真实感受

如果你足够老练,就要让听众分享你的感受,这样就会使他们对你讲的内容产生兴趣,这样你也会觉得很舒服。你是喜欢还是憎恶企业当前的运作方式?最新开发的产品是成功了还是失败了?对于悬而未决的IPO你感到兴奋吗?别让听众搞不清你的态度。要注意技巧。不要做"瓷器店里的蛮牛"那样的人，这类人总是鼓吹自己的观点，而不愿听取他人的想法。

使用形象生动的语言

造就良好气氛的谈话艺术现在已变得很糟糕，以至于当我们遇到一个人，他能清晰而优雅地表达自己的想法时，就会禁不住在我们心中留下深刻的印象。见面一结束，我们都会感到自己怎么没能说得那么好呢；产生这种感觉是不可避免的。关键不在于准备许多令人难忘的名言警句，而在于将那些重要的观点清晰有力地道出。成功地使用"形象生动的语言"，会将你的激情带入到所涉及的话题中。不懈地想办法用比喻来提升你的语言魅力。不要说"这让我们有点紧张"这样的话，记住要说"我们就像坐在那辆众所周知的逃亡列车上那样紧张不安"。

把话讲完整，同时也让别人把话讲完

我们的语言表达是当今快节奏的、支离破碎的生活方式的牺牲品。结果是我们总是没有讲完想要说的话。如果听众习惯这样的只言片语的表达方式，那么他们对我们的关注也只能是时断时续的。要养成简洁而完整地表达思想的习惯。要听别人把话讲完。由此对别人产生的影响会大得出奇，他们也将仔细倾听你讲话。

3. 给问题加"框架" ……

梅利莎·拉弗尼
Melissa Raffoni

3. 给问题加"框架"

梅利莎·拉弗尼

简单地讲,经理人的工作就是调动大家达到共同目标。这项工作的成功与否取决于经理人的沟通技能,包括发表准备好的演讲和帮助员工用最好的方式实施计划。但对于经理人来说,没有哪种技能比成功地"给问题加框架(限定问题范围)"更为重要的了。

到底"加框架"或"重新加框架"意味着什么呢?请看看这个比喻。我们知道画框能将人的注意力引向画面本身。特别是,不同的画框突出的是画中的不同部分。将一幅画放在红色画框内,突出的是画中的红色部分;同一幅画放在蓝色画框内,强调的则是画中的蓝色部分。

由于给问题加框架能将大家的注意力吸引到问题的某一特别方面,因而如何给问题加框架就会直接影响到他人对于事物的看法。给问题加框架是与特定听众沟通的根本。

给问题加框架是沟通的关键。

尽管加框架这一概念看起来似乎很简单,但事实上多数人都没有能够做得很好。面对一个成员多样化的团队,对经理人来说就是一个严峻的挑战。人们倾向于关注自己的需要及同他们的业务相关的事情,这其实很自然。但这样做的话,他们就会忽略一些细节,而这些细节对于他们正在实施的计划来说却事关重大。

例如,一个包含多种学科背景的团队在共同讨论如何改善不尽人意的顾客服务评估时,讨论内容从产品开发,到制定价格,最后还涉及内部政治斗争。尽管在某种程度上,每个问题的讨论都有收获,但在如何解决原有问题上却没有多大进展。

这时候就需要经理人介入其中,重新限定讨论。他告诉大家哪些是和目前问题相关的,哪些是没有联系的,将团队拉回正轨,同时向大家保证他将听取各方面的意见,了解大家所关注的事情。这样,就把复杂的问题简单化了。

越 过 障 碍

经理人最重要的作用之一是帮助员工越过障碍。

即使她已明确了目标，并调动员工努力去实现目标，团队仍然会遇到障碍。好的领导能够预见这些障碍，并通过给问题加框架帮助员工越过障碍。

她首先提出问题，然后给问题加框架，让每个人对此有了解，并明白同他或她工作的相关性。然后，她提供克服障碍的种种选择，要么直接推荐行动方案，要么提出问题让他们寻找行动方案。

只有这样做，经理人才会确保每位员工对于正在讨论的问题有所了解。"那么，你们是说我们应该降低价格了，"经理人综合相关的观点后会提出这样的问题，"假如我们降低了价格，购买我们产品的顾客会增多。但是，我们同时也会因此失去利润，这就意味着在市场和营销方面我们还要做更多的工作。你们仍然认为这是个好的建议吗？"假如讨论偏离了正轨，经理人应重新限定问题将大家带回正题，"请大家记住，我们讨论的是，是否需要降低价格"。领导会继续限定问题直到有了解决问题的最好答案，克服了障碍。

有时，障碍来自于员工们所不愿意讨论的问题。例如，一位同事工作努力却不得要领。通过重新限定问题，以商量的口吻，经理人让大家继续思考，"请大家想想我们为成功完成计划需要做什么，是否有必要将简（Jane）换到别的工作岗位上？"

团 结 协 作

成功的领导人能够使大家团结起来。因为他们能俯瞰一群有不同天分和技能的人,被置于领导的位置就是让他们将大家团结在一起。"你的计划似乎上了轨道。应该考虑同市场营销人员讨论这个计划,以便确保采取一致的行动。我知道他们在尽最大的努力确保计划成功,但最好还是同他们商量一下。就再讨论一次吧,以确保双方都知道要做些什么。"

在这个场景中,领导给问题加了框架,将双方都置于积极的立场,使他们能达成共识。

改变领导方式,改变对问题的限定

在《基本领导艺术》(*Primal Leadership*)(哈佛商学院出版社,2002年)一书中,丹尼尔·戈尔曼(Daniel Goleman)、理查德·博亚茨(Richard Boyatzis)和安妮·麦基(Annie McKee)认为,好的领导会采取以下六种不同领导方式中的一种或几种:树立长远目标、引导、结成联盟、民主、决定工作节奏和下命令。他们的研究发现,成功的领导者在任何时候都能根据情况的需要使

用不只一种方式。

成功地限定问题可帮助领导者为特定的场景找到合适的领导方式。成功的领导者在任何时候都知道自己应该扮演的角色,并根据情况决定他们的沟通方式。

想想下面的情形:团队因新产品在市场上的表现不佳而感到沮丧,希望停止这项计划。

经理人可用多种方法来帮助团队。她可将目标定为鼓舞士气,使团队相信应该坚持下去。通过讨论,让大家明白为什么这个产品对达到公司的目标至关重要,领导者在此起到了帮助大家树立长远目标的作用。或者她可以像教练那样,促使团队找到改进产品的方案。

目 的 明 确

加框架是沟通的关键。做演讲时,人们关注的是:同听众有眼神交流吗?说话的声音是否太低或讲话是否结结巴巴?这些固然重要,但是无法为成功沟通带来重要的帮助。

即使是口才很好的演讲家,假如所讲的不是听众所需要的,也不能达到他的目的。

成功的经理人在演讲之前头脑中总是有个具体的目标,有时可能是要鼓动或说服大家,有时是传播知识以达到共识。无论如何,目标必须明确,这样才能重新限定沟通方式以达到最终目的。

在沟通之前,应问自己下列问题:

> ➢ 我的目的是什么?
> ➢ 我希望听众在听完我的话之后,他们要考虑什么、感觉到什么或是做什么?
> ➢ 我的演讲中是否融合了我所了解到的听众的观点?
> ➢ 我的信息会给他们带来什么影响?
> ➢ 我是否回答了这个问题:"这对我有什么好处?"
> ➢ 诸如文化或是问题的严重性之类的方面是否会影响大家的想法?
> ➢ 我在大家心目中的可信度有多高?
> ➢ 如何通过要说的话提升我的可信度?

成功地限定问题可通过训练和学习来巩固完善。真正的挑战是出现突如其来的情况,如得到新信息或出现未预见到的问题。始终将目标和听众放在首位,才能用深思熟虑的对策帮助实现目标,完善领导技能。

4. 如何调动员工 ……

4. 如何调动员工

以前曾出现过"例行公事"的情况。一些公司偶尔会尝试一项改革计划,但一旦计划结束,公司又恢复到过去美好的"例行公事"中。这种情况已经成为过去,现在的情形已经不是这个样子了。在当今社会,一家大的公司会同时进行多个计划,兼并其他公司、尝试电子商务、努力开发新产品或开拓新市场。那么,"例行公事"还存在吗?当然不存在,现在一切事物随时随地都在改变。

因此,经理人的全部工作内容就是帮助员工适应新的工作,应对未来的挑战。幸运的是,对那些从事管理的人来说,他们对于这种挑战已有所了解。

焦虑的根源

德尔塔咨询集团(Delta Consulting Group)的资深

主管彼得·蒂斯（Peter Thies）认为，改革时期会出现三种主要的担忧。以下这些问题都是员工所担心的。

1. 未来会如何。"人们问这样的问题，我将来的境况会比过去好吗？我会成功吗？是谁在掌握我的事业和我的未来？"蒂斯说。

2. 现在应该做什么。员工们想知道该如何告知家人公司正在发生的变化，自己又该如何应对这些变化。

3. 能否控制整个局面。"这相似于这样的问题，'我们能控制好改革的局面吗？'"蒂斯说。

这些担忧会直接或间接地表现出来，但我敢肯定，这些一定是大家在午餐时所讨论的问题。"这种'咖啡店焦虑症'，会使生产率下降，让那些关键人才辞职，"休伊特合伙公司（Hewitt Associates）的资深顾问凯瑟琳·耶茨（Kathryn Yates）说，"这属于个人问题，经理人是发现这类阻碍成功改革的'个人'问题的关键人物。"

经理们能做什么

肩负重任的经理们知道他们必须同员工沟通，所以，出于责任他们会发布信息备忘录和用 PowerPoint 作演示以说明情况。这些都会传达信息，告知员工公司正准备做些什么,但都无法缓解大家的焦虑,因而无法让大家对未来充满干劲。有经验的改革顾问认为,为了使大家对未来工作充满热情,需要完全不同的方法。

推动积极的情绪

乔恩·卡岑巴赫(Jon B. Katzenbach)认为,高效公司会同其员工建立极强的情感联系。他在名为《高峰运作——调动员工的心和脑》(*Peak Performance: Aligning the Hearts and Minds of Your Employees*)(哈佛商学院出版社,2000年)一书中给出了五个不同的策略来建立情感联系。在改革时期,积极的情感对焦虑和无助是最好的解药。经理人的任务是将改革同员工关注的目标联系起来。"要了解员工的情感热点,了解他们对改革会作何反应,有何想法,"卡岑巴赫建议说。

当然,不同的人热点也不同。技术人员对于自己将冒风险研发很棒的东西感到兴奋。营销人员和其他竞争对手则喜欢在市场上取胜。(卡岑巴赫说:"假如你的对手攻击性很强,就应把他当作敌人并打垮他。")在诸如 Home Depot 和 Marriott 这样的公司受聘的员工,公司对于他们的基本要求是为顾客提供周到的服务。以此为基础,你应该能够推动人们朝任何目标努力,比如,赢得丰厚的奖金或学习新的技能。这里的关键词是:激发(fired up)。卡岑巴赫说,"一定要让员工感到,在这里很有干头,而不仅仅是给股东赚更多的钱。"

一对一的管理

当科宁有线电视公司(Corning Cable System)决定进行一项重要的公司结构重组时,CEO桑迪·莱昂斯(Sandy Lyons)先同大约50位高级经理就此问题进行了一对一的面谈。这样做的目的是什么呢?"促使他们认为,'这有可能','我对此有发言权',"莱昂斯说。即使只有5位直接下属而不是50位,也无一例外要这样做。每个人都希望了解计划的内容和计划对他或她意味着什么,而且多数人希望能尽自己的微薄之力。"你必须做到足够开放,调动大家来参与工作和解决问题,"莱昂斯说。

如何应对改变? 请点击网络

在快速改革时期,成功的沟通是双向的,不是单方面的。当科宁有线电视公司进行结构重组时,该公司董事长兼CEO桑迪·莱昂斯说,"我们建立了企业局域网,它涉及所有同改革相关的事情。每个人都可以在这个网上提出问题。48小时内所提出的问题就能得到解答。"

"人们得到了答案,许多焦虑就自然而然消失了。"

在一对一的管理上有许多方法可加以运用。例如,许多公司在改革实施时会进行员工调查,而许多调查结果大都不了了之,没有下文。Towers Perrin公司旧金山办公室主任汤姆·达文波特(Tom Davenport)指出,Charles Schwab公司不仅将调查结果公之于众,而且要求经理人对每个答案作出分析。然后,经理人同员工坐下来进行讨论。"他们帮助员工对提出的问题找出解决的办法,从中了解员工所关心的问题,再考虑如何来应对。"

引导,勿强求

"大多数改革是公司强加在员工头上的,"克里斯·特纳(Chris Turner)说。他是施乐公司的老员工。但是强求是没有用的,即使人们按照期望在做,但他们会缺乏热情。特纳认为最好是邀请大家一起进行改革,然后先同大约25%的较为积极的员工一起工作。

领导艺术还包括促使公司实现其公开宣布的目

标。"假如公司期望员工表现出更多的主人翁精神,但薪酬制却不鼓励主人翁行为,"特纳说,"这时候经理人应该说,'我们目前的体系不能实现这个目标。我们应该重新设计我们的薪酬制。'经理人的作用是创造环境,促使员工像你希望的那样行事,是了解目前体系中不协调的因素。"

5. 成为有共鸣的领导者

洛伦·加里
Loren Gary

5. 成为有共鸣的领导者

洛伦·加里

Guidant 医药产品公司主席金杰·格雷厄姆（Ginger Graham）说，她所到之处，人们都在渴求一种不同的领导风格。世界局势和许多公司的危险处境对员工的情感产生了巨大的冲击，改变了员工对她的要求。

股东和分析家曾坚持要求她"能够展望未来，告诉大家她将如何保持领先，"格雷厄姆说，"否则，你的市盈率会降低，你的市值不会有所增长。但是憧憬未来目前并不是一件美妙的事，少作承诺，多做实事，拥有稳固的基础才是重要的。"员工们希望能对未来目标有所了解。在安然公司和 Global Crossing 公司出现混乱局面之后，员工们希望他们的领导能抚慰他们感情上的创伤。"他们要求参与各种讨论"，将有关 Guidant 401(k)计划和养老金固定交款方案公之于众。"同时他们希望更多地了解他们的领导，"格雷厄姆补充说，"希望领导者在各个层面都发挥作用。"

员工们希望领导者在情感上支持他们，即便在领导者为公司的生存而拼搏、要求员工承受损失的时候也是一样。因此,过去多年来暴露出的令人吃惊的制度缺陷事例不仅让人们对领导者有了更多的要求,而且也使领导者压力陡增。哈佛大学肯尼迪管理学院公共领导艺术中心的创建者和主任罗纳德·A.海费茨(Ronald A. Heifetzs)认为,这些都不利于领导者维持自己的威信。

领导者必须从事海费茨所谓的"适应性工作",即面对源源不断的、同时带来危机和机遇的挑战,当着每个人的面问:"为使我们在新的环境中蓬勃发展,目前需要维持什么,放弃什么?"这样就把领导者置于火线,这或许是他们之前从未体验过的。"假如你不喜欢坏消息的话,就不要做领导了,"加拿大第一位女首相、肯尼迪管理学院公共政策系讲师金·坎佩尔(Kim Campell)认为,"你的工作就是尽可能多地了解明摆在那里的坏消息,并想出应对的方法。"

"当公司遭到冲击时,领导者控制自我情绪的方式会直接决定公司的存亡,"《基本领导艺术》(*Primal Leadership*)的作者之一丹尼尔·戈尔曼(Daniel Goleman)说。领导者的情商(EI),即控制自己和他人的情绪以推动企业运作的能力,是成功的关键。提高情商和增强领导的适应能力会使情况完全不同。

情商（EI）最重要

"情绪是可以传染的，"戈尔曼说，"研究表明，情绪决定了50%～70%的工作氛围。这种氛围反过来决定了20%～30%的公司业绩。"尤其是，情商在区分杰出的高层次领导和低层次领导上，占了85%的因素。

戈尔曼以及另外两位作者理查德·博亚茨（Richard Boyatzis）和安妮·麦基（Annie McKee）所说的共鸣领导才能，是指这样一种能力，即能够阐明团队尚未表达出来的共同情绪，能够选择调动大家的目标，这种能力有以下四种基本表现形式：

➢ 自我意识——能够了解自己的情绪，正确评价自己的个性。
➢ 自我管理——能够控制不好的情绪，做到值得信赖、灵活和乐观。
➢ 社会意识——能够了解他人所关注的事情。
➢ 人际关系管理——能够激励和说服大家，从而解决分歧。

问题是，在公司中你的职位越高，对自己的情商估计就会越高。"那么为什么许多高层领导不祈求或鼓励正确的反馈呢?"戈尔曼和合著者问道,"通常是他们确实相信自己没有能力改变现状。"但是,强有力的证据表明情况并非如此。

大多数试图完善情商和领导技能的培训计划之所以没能成功,是因为它们以训练新大脑皮层为目标,即大脑中负责分析及技能的部分,而不是以训练控制人的情感、冲动和期望的边缘系统为目的。"边缘系统接受能力较慢,特别是当改变根深蒂固的习惯时,"戈尔曼和合著者说。但是"采用适当的模式,训练实际上可以改变大脑中心控制积极和消极情感的部分",从而完善长久的情商技能。关键是自我指导学习,即"有意识地培养或加强你的某一方面,或你希望发展的某一方面,或者两者兼而有之"。这个过程包括以下五个发现阶段:

1. 发现理想中的自我,即你想成为什么样的人。

2. 了解自己是什么样的人、自己的长处和不足是什么。

3. 树立一个学习目标,完善长处,弥补不足。

4. 尝试新的行为、想法和情绪,直到掌握它们。

5. 发展相互支持的、值得信赖的人际关系以促成改革。

群体思维*和玻璃天花板**

当现实同人们的期望值产生差异并出现矛盾时,即便是情商很高的领导者也难免会陷入一种偏狭心态。"领导层开始关注自身而忽略一线雇员和顾客,"管理咨询公司 Bain & Co. 的董事达雷尔·里格比(Darrell Rigby)说,"分歧被当作是不忠诚的表现。"对付这种群体思维倾向的方法之一是确保领导层中有不同的领导风格和观点。有时候,团队中有不同性别和不同种族的领导者是惟一可以确保团队有多种选择和观点的因素。

"目前最重要的是避免领导者均为男性的文化,"金·坎佩尔说。通过对情商和性别的研究,发现女性比男性更具怜悯心,并具备更强的人际关系能力。"女性领导风格的这种优势与其说是女性天生的,还不如说是她们长期以来不被赋予权力的结果,"坎佩尔说。女性培养出这些技能,是为了在男性占统治地位的文化

---

* 原文是 groupthink,指一个群体在还没有找到最优解决方案之前,还没有充分评估各种解决方案之前,就已经达成了一致意见。——译者

** 原文是 glass ceiling,指企业中限制女性或少数民族员工晋升的看似无形但实际存在的障碍。——译者

中能生存下去。当然,男性也能表现出这些技能,就像女性可以表现出顽强和果断那样。当人们对领导层有了足够的信任时,性别的多样化可提高控制自己的情绪和应对团队中他人情绪的能力。

忠 告

"当促使人们采取某种战略时,实际上是要求他们在不情愿做的事情中作筛选,"海费茨说。他和合著者马蒂·林斯基(Marty Linsky)在《处于危机状态下的领导艺术——危机中求生》(Leadership on the Line)一书中写道,如果你不具有同情心,缺乏孩子般的天真和好奇心,不能"用耳聆听,支持新的观点",那么,你就"不会明白大家在新的环境中所蒙受的损失有多大"。敞开心扉有助于你成功地引导大家和公司进行改革,并最大限度地减少损失。但同时也使你更容易遭受这种损失通常带来的反抗和敌意。

"我们倾向于给领导艺术加上一张微笑的面孔,说起领导艺术就会使人想到的是激励、想像力和创造力,"海费茨说,"这没错,但领导他人也很艰难、痛苦和危险。'坚持干下去',学会为自己鼓气加油,是领导者的基本任务之一。"

作者简介 ......

作者简介

尼克·摩根（Nick Morgan），《工作空间》（*Working the Room*）（哈佛商学院出版社，2003年）一书的作者。

珍妮弗·迈克法兰（Jennifer McFarland），《哈佛管理前沿》（*Harvard Management Update*）的撰稿人。

劳伦·凯勒·约翰逊（Lauren Keller Johnson），定居在马萨诸塞州的哈佛，商业问题作家。

大卫·斯托弗（David Stauffer），《哈佛管理前沿》的撰稿人。

洛伦·加里（Loren Gary），《哈佛管理前沿》的撰稿人。

迈克尔·沃特金斯（Michael Watkins），哈佛商学院企业管理学副教授，《前九十天》（*The First 90 Days*）（哈佛商学院出版社，2003年）一书的作者。

约翰·鲍多尼（John Baldoni），领导沟通及完善艺术顾问，《个人领导艺术》（*Personal Leadership*）（艾尔斯威尔出版社，2001年）一书的作者。

梅利莎·拉弗尼(Melissa Raffoni)，Professional Skills Alliance 公司的执行合伙人，麻省理工学院斯隆管理学院教员，主要讲授成功管理沟通课程。